V&R

W0185361

Georg Schwedt

Goethe in Göttingen und zur Kur in Pyrmont

Mit 16 Abbildungen

Vandenhoeck & Ruprecht

Zum Umschlagbild:
Den Hanauer Porträt- und Historienmaler *Friedrich Bury* (1763–1823) lernte Goethe 1786 als einen der Hausgenossen des Malers Tischbein in Rom kennen. *Bury* lebte 1799 bis 1800 in Weimar und fertigte dort im Februar/März 1800 eine Kreidezeichnung von Goethe an.

Die Deutsche Bibliothek – CIP-Einheitsaufnahme

Schwedt, Georg:
Goethe in Göttingen und zur Kur in Pyrmont / Georg Schwedt. –
Göttingen : Vandenhoeck und Ruprecht, 1999
ISBN 3-525-36239-0

© 1999 Vandenhoeck und Ruprecht, Göttingen
Das Werk einschließlich aller seiner Teile ist urheberrechtlich geschützt. Jede Verwertung außerhalb der engen Grenzen des Urheberrechtsgesetzes ist ohne Zustimmung des Verlages unzulässig und strafbar. Das gilt insbesondere für Vervielfältigungen, Übersetzungen, Mikroverfilmungen und die Einspeicherung und Verarbeitung in elektronischen Systemen.
Printed in Germany.
Satz: Satzspiegel, Nörten-Hardenberg
Druck: Hubert & Co., Göttingen

Inhalt

Vorwort 7

1. Einleitung 11
Ich hatte immer Göttingen im Auge

2. Spaziergang durch das Göttingen Goethes 25
Es ist mir in Göttingen so wohl gegangen. Es ist gar angenehm, auf einem solchen Meere des Wissens hinsegeln zu können!

3. Goethe und die Göttinger Bibliothek 69
Man fühlt sich wie in Gegenwart eines großen Kapitals, das geräuschlos unberechenbare Zinsen spendet.

4. Ausflüge in die Göttinger Umgebung 86
Gar manche Spazierwege wurden (...) vorgenommen. Hainberg, Weende, Burg Plesse, Mariaspring

5. Goethes Briefe aus und über Göttingen 95
In Göttingen haben sich jung und alt sehr artig gegen mich betragen.

6. Zur Kur in Pyrmont – Goethes Reisebericht mit Erläuterungen 107
Getrunken, gebadet ... Die Gesellschaft ist unterhaltend und mitunter bedeutend.

7. Goethe-Orte in und um Pyrmont 127
Die Lage um Pyrmont ist sehr angenehm.

8. Briefe aus Pyrmont 144
Was auch diese Expedition und Kur auf Geist und Leib für eine Wirkung haben mag.

9. Biographisches Personenverzeichnis –
Göttingen und Pyrmont 152

10. Literaturverzeichnis 160

Register 164

Vorwort

Für Goethe war Göttingen von Jugend an der zentrale Ort der Wissenschaften in Deutschland. Als Studienort hatte er *immer Göttingen im Auge.* Sein Vater jedoch schickte ihn auf die Universität in Leipzig. Erst im September 1783 kam er auf dem Rückweg von seiner zweiten Harzreise nach Göttingen, wo er ein physikalisches Kolleg Lichtenbergs besuchte. Im *Göttinger Musenalmanach* hatte er schon früher Zeugnisse seines Talentes als Dichter veröffentlicht.

1801 hielt er sich dann zweimal für längere Zeit zusammen mit seinem Sohn August in Göttingen auf – in Verbindung mit einem Kuraufenthalt in Pyrmont. Er pflegte zahlreiche Kontakte zu den Professoren der Universität – u. a. Heyne, Blumenbach, Schlözer, Michaelis, Osiander, Gmelin. Auf der Rückreise von Pyrmont mietete er sich für mehr als drei Wochen bei dem Instrumentenmacher Krämer an der heutigen Goetheallee ein. Sein Ziel war vor allem die Universitätsbibliothek, wo er intensive Studien zum historischen Teil seiner Farbenlehre betrieb. Auch in dieser Zeit von Mitte Juli bis Mitte August 1801 besuchte er die Häuser der Professoren, den Botanischen Garten, das Akademische Museum mit den Sammlungen zur Völkerkunde, Kunstgeschichte, Zoologie und Geologie. Er unternahm Ausflüge auf die Burg Plesse und auf den Hainberg, wo er zusammen mit seinem Sohn auch Fossilien sammelte.

In Briefen teilte er seinen Freunden über diesen Besuch mit, er habe alle Professoren besucht (an Frau von Stein in Weimar), die Anstalten der Universität höchst respektabel gefunden (an Friedrich Schiller) und es sei ihm *gar angenehm gewesen, auf einem solchen Meere des Wissens mit Leichtigkeit hinsegeln zu können* (an seinen Freund Jacobi in Düsseldorf).

Über seine Reise nach Göttingen und Pyrmont berichtete Goethe ausführlich in seinen *Tag- und Jahresheften.* Die Texte aus Goethes Werken der *Weimarer Ausgabe* (WA) bilden die Grundlage für die Darstellungen in diesem Buch. Weiterhin wurden die Briefe aus und über Göttingen sowie Pyrmont und Goethes Aufzeichnungen in seinem Tagebuch (›Reise nach Göttingen und Pyrmont‹) herangezogen sowie die umfangreichen Reiseakten (als »Fascikel in Grossfolio, 118 Blätter verschiedenen Formats«) im Goethe- und Schiller-Archiv Weimar. Alle Goethetexte werden kursiv wiedergegeben und vom Autor soweit erforderlich erläutert. Personen- und Ortsnamen werden in den Zitaten vom Autor durch den Wechsel von kursiver auf die normale Schrift hervorgehoben. Der Aufenthalt in Göttingen wird nicht chronologisch, sondern in Form eines »Spazierganges durch das Göttingen Goethes« vermittelt. Allen Kapitel-Überschriften wurde ein charakteristisches Goethe-Zitat hinzugefügt. Einen Schwerpunkt bildet Goethes Verhältnis zur Göttinger Bibliothek. Ein biographisches Personenverzeichnis schließt die Darstellungen ab.

Im Goethe-Jahr 1999 – zum 250. Geburtstag Goethes – wird in Göttingen die Ausstellung *Goethe, Göttingen und die Wissenschaften* in der Paulinerkirche gezeigt werden. Im Unterschied zu den Darstellungen in diesem Buch werden dort die Wissenschaften im Vordergrund stehen. Ziel dieses Buches war es, dem Leser anhand der originalen Goethetexte ein Bild von der Bedeutung des Besuches Göttingens im Zusammenhang mit seinem Kuraufenthalt in Pyrmont zu vermitteln. Persönlichkeiten der Zeit und die heute noch zu besichtigenden Orte bilden dabei den Schwerpunkt.

Alle Goethezitate werden in Fußnoten mit der Angabe der Stelle in Goethes Werken der Weimarer Ausgabe belegt (tiefgestellte Ziffern = Zeilennummern). Weitere Fußnoten umfassen direkte Erläuterungen zum Goethetext und Quellenhinweise zur verwendeten Sekundärliteratur. Umfangreichere Erläuterungen schließen sich jeweils an den zitierten Goethetext an. Tagebuchnotizen wurden in den fortlaufenden Text integriert und durch die kursive Schreibweise gekennzeichnet. Als Abbildungen wurden ausschließlich historische Darstellungen ausgewählt. Fast alle Goethe-Orte können noch heute mit zum Teil nur geringen Veränderungen besichtigt werden. Sie sind auch überwiegend mit Gedenktafeln versehen. Es war das Anliegen des Autors, Goethes veröffentlichte Aussagen über Göttingen erstmalig möglichst vollständig in diesem Buch zusammenzustellen (ergänzt durch nicht veröffentlichte Informationen aus den o. g. Reiseakten) und sie dem Leser unserer Zeit durch entsprechende Erläuterungen verständlich zu machen.

Seesen, im Herbst 1998 GEORG SCHWEDT

1. Einleitung

Ich hatte immer Göttingen im Auge

In seinen Erinnerungen mit dem Titel *Aus meinem Leben. Dichtung und Wahrheit. Zweiter Theil*, den Goethe bei Cotta in Tübingen 1812 unter dem Motto *Was man in der Jugend wünscht, hat man im Alter die Fülle* veröffentlichte, schrieb er auch über die Wahl seines Studienortes 1765 nach einem ausführlichen Bericht über den Entwicklungsgang seiner Bildung, die ihm überwiegend sein Vater vermittelt hatte:[1] *Bei diesen Gesinnungen hatte ich immer Göttingen im Auge.*

Mehr als 25 Jahre nach seinem mehrwöchigen Besuch in der Universitätsstadt im Sommer 1801 vertraute Goethe seinem Sekretär *Eckermann* in Jena, wo er sich zur Inspektion der naturwissenschaftlichen Sammlungen aufhielt, am Morgen des 8. Oktober 1827 einen Traum an, der die nachhaltige Wirkung Göttingens und seiner Professoren auf Goethe nochmals verdeutlicht:[2]

»Jena, Montag den 8. Oktober 1827.
Wir standen frühzeitig auf. Während dem Ankleiden erzählte Goethe mir einen Traum der vorigen Nacht, wo er sich nach Göttingen versetzt gesehen und mit dortigen Professoren seiner Bekanntschaft allerlei gute Unterhaltung gehabt.«

Die Universität Göttingen war im Jahre 1737 offiziell eröffnet worden, nachdem Vorlesungen schon 1734 gehalten worden waren. Seit 1714 bestand eine Personalunion Hannovers mit Großbritannien. Der hannoversche Kurfürst Georg August, als englischer König Georg II., war häufig in

1 WA I.27, 41_{6}–42_{12} (tiefgestellte Ziffern = Zeilennummern).
2 Johann Peter Eckermann: Gespräche mit Goethe, Reclam-Ausgabe 2002, Stuttgart 1994, S. 673.

seinen Stammlanden und auch der Initiator zur Gründung der Landesuniversität, die heute seinen Namen trägt. Der eigentliche Vater der Universität jedoch war der Premierminister Gerlach Adolf von Münchhausen, der von 1730 bis 1770 die Politik in Hannover bestimmte. Bereits in der zweiten Hälfte des 18. Jahrhunderts entwickelte sich die Universität in Göttingen zu eine der führenden in Europa. Einer der bedeutenden und zugleich ersten Professoren der jungen philosophischen Fakultät, der zuvor als Rektor der Thomasschule durch sein Eintreten für Johann Sebastian Bach bekannt geworden war, war Johann Matthias *Gesner* (1691–1761) In Gesners Rektoratszeit (1730–1734) war Bach Musiklehrer an dieser Schule. Goethe erwähnt ein Werk dieses Gelehrten in seiner Autobiographie im Zusammenhang mit der Geschichte der alten Literatur, die *Isagoge*[3] (in der Antike: Einführung in eine Wissenschaft). Der volle Titel dieses Werkes lautet: »Primae lineae isagoges in eruditionem universalem«. In einer anderen (ursprünglichen) Fassung der Erinnerungen Goethes heißt es:[4]

Die Nothwendigkeit mich in den alten Sprachen besser zu begründen war mir indessen wieder sehr dringend erschienen; ich sah mich nach allerley Hülfsmitteln um, und gerieth in die Geschichte der alten Literatur und von da in eine Art von Encyclopädismus, indem ich Gesners Isagoge und sogar Morhoffs Polyhistor eifrig studierte und mir dadurch einen allgemeinen Begriff erwarb, wie manches wunderliche in Lehr' und Leben schon in der Welt mochte vorgefallen seyn.

Gesner wurde von dem Minister v. Münchhausen als Professor für klassische Sprachen und Archäologie bereits 1734 nach Göttingen berufen. Er wurde ein enger Berater Münchhausens. Er gründete das erste philologische Seminar an einer deutschen Universität und unterschied sich von seinen Kollegen in der Altertumswissenschaft dadurch, daß er seine Studenten nicht von der Grammatik her, sondern durch die Lektüre alter Schriftsteller selbst in deren Sprache einführte. Bereits 1738 wurde auf das Betreiben Gesners ei-

3 WA I.27, 39_1.
4 WA I.39, 382_{25}–383_3.

ne Reorganisation des Unterrichts an den Höheren Schulen des Kurfürstentums Hannover begonnen. Er verfaßte eine »Schul-Ordnung vor die Churfürstlich Braunschweig-Lüneburgischen Lande«. Gesner war zugleich auch als Leiter der *Universitätsbibliothek* berufen worden, die Goethe intensiv nutzen sollte. Den Grundstock der Bibliothek bildeten eine Schenkung des Hofrates von Bülow an den Kurfürsten in Hannover, dessen etwa 900 Bücher 1735 nach Göttingen kamen, und eine weitere Bücherschenkung des Johann Friedrich Armand Uffenbach (1687–1769) aus Goethes Vaterstadt Frankfurt am Main im Jahre 1736 sowie 2154 Dubletten der kurfürstlichen Bibliothek in Hannover, der Leibniz (1646–1716) vorgestanden hatte, und die Bestände von etwa 700 Büchern des alten Göttinger Pädagogiums (heute Max-Planck-Gymnasium) mit einigen wertvollen mittelalterlichen Handschriften. Ab 1752 verfügte Gesner über einen Fonds, der es ihm ermöglichte, in ganz Europa Bücher für seine Bibliothek ankaufen zu können. Bei Gesners Tod (1761) verfügte die Göttinger Universitätsbibliothek bereits über 60.000 Bände. 1736 waren es erst 12.000 Bücher gewesen. Bereits 1740 war mit der Erstellung eines alphabetischen Kataloges und später auch eines Realkataloges durch Gesner begonnen worden, die beide bis in die Mitte des 20. Jahrhunderts in dieser Form, nach denselben Ordnungsprinzipien, weitergeführt werden sollten.

Goethe war auch der Name Uffenbach bekannt. Er schrieb über ihn in seinen Erinnerungen:[5]

Ein Schöff von Uffenbach lebte damals in gutem Ansehen. Er war in Italien gewesen, hatte sich besonders auf Musik gelegt, sang einen angenehmen Tenor, und da er eine schöne Sammlung von Musikalien mitgebracht hatte, wurden Concerte und Oratorien bei ihm aufgeführt. Weil er nun dabei selbst sang und die Musiker begünstigte, so fand man es nicht ganz seiner Würde gemäß, und die eingeladenen Gäste sowohl als die übrigen Landsleute erlaubten sich darüber manche lustige Anmerkung.

Die urkundliche Erklärung über die Bücherschenkung des Frankfurter Schöffen Uffenbach wurde bereits am

5 WA I.26, 114_{1-11}.

28. Juli 1736 unterzeichnet. Sie hatte einen Wert von damals 6000 Thalern. Zugleich vermachte er der Universitätsbibliothek auch seine Kupferstichsammlung. Uffenbach war nicht nur Ratsherr und sogar Bürgermeister und Kunstsammler, sondern auch Naturforscher und Dichter. Nach seinem Tod 1769 kam seine Bibliothek nach Göttingen. Der Geheime Justizrat Pütter, Professor für Staatsrecht, den Goethe bei seinem Besuch im Jahre 1801 in Göttingen kennen- und schätzenlernen sollte, ist der Autor des auch von Goethe benutzten Buches »Versuch einer academischen Gelehrten-Geschichte von der Georg-August-Universität zu Göttingen.« Er schrieb in seinem Teil 1 von 1765 »Von der öffentlichen Bibliothek« im § 117 über diese Stiftung:

»Noch eine ansehnliche Sammlung von etlichen tausend Bänden hauptsächlich zur Civil- und Kriegsbaukunst gehöriger mathematischen. physischen und Kunst-Büchern, auch Ort- und Städte-Beschreibungen, ingleichen iconographischer und Kupferwerke von Kupferstücken und Handzeichnungen, nebst einem ungemein beträchtlichen Vorrath von mathematischen und physikalischen Instrumenten und Modellen hat die Bibliothek von der unter den Lebendigen nur mit Vorbehalt des Nießbrauchs gerichtlich vollzogenen Schenkung des Herrn Johann Friedrich von Uffenbach, Kayserlichen Raths, Exconsuls, Protoscabins[6] und Senators der freyen Reichsstadt Frankfurt zu erwarten; Einer Freygebigkeit von einer so edelen und gemeinnützigen Art, die sich den Beyfall aller Zeitgenossen nicht weniger zu versprechen hat, als sie, bey einem ewig fortdaurenden Nutzen für das Publicum, ein stets rühmliches Andenken bey der Nachwelt erhalten wird.« (weitere Einzelheiten zur Bibliothek s. in Kap. 3)

Goethe schrieb in »Dichtung und Wahrheit. Zweiter Teil« weiterhin über seinen Wunsch, in Göttingen zu studieren:[7]

Auf Männern, wie Heyne, Michaelis und so manchen andern ruhte mein ganzes Vertrauen, mein sehnlichster Wunsch war, zu

6 Scabin = Schöppe (Schöffe), Beisitzer in Gerichten, Protoscabin: erster Beisitzer.

7 WA I.27, 42_{27}–43_{18}.

ihren Füßen zu sitzen und auf ihre Lehren zu merken. Aber mein Vater blieb unbeweglich. Was auch einige Hausfreunde, die meiner Meinung waren, auf ihn zu wirken suchten; er bestand darauf, daß ich nach Leipzig gehen müsse. Nun hielt ich den Entschluß, daß ich, gegen seine Gesinnungen und Willen, eine eigne Studien- und Lebensweise ergreifen wollte, erst recht für Nothwehr. Die Hartnäckigkeit meines Vaters, der, ohne es zu wissen, sich meinen Planen entgegensetzte, bestärkte mich in meiner Impietät[8], *daß ich mir gar kein Gewissen daraus machte, ihm Stunden lang zuzuhören, wenn er mir den Cursus der Studien und des Lebens, wie ich ihn auf Akademien und in der Welt zu durchlaufen hätte, vorerzählte und wiederholte. Da mir alle Hoffnung nach Göttingen abgeschnitten war, wendete ich nun meinen Blick nach Leipzig.*

Mit den Namen Heyne und Michaelis hat Goethe weitere Berühmtheiten aus der Anfangsphase der Universität Göttingen genannt, die sowohl in ihrem Fach als auch für die Bibliothek Wesentliches geleistet haben.

Goethes Wunsch, in Göttingen studieren zu wollen, ist anhand seiner Aussagen in »Dichtung und Wahrheit« dokumentiert. Daß seine Beziehung zu Göttingen noch weiter ging, daß er vielleicht dort hätte Professor werden wollen, läßt sich vielleicht aus einer Episode, die er dem Hofrat Johann Georg Christian Kestner (1741–1800) in Hannover, dem Ehemann der Charlotte Buff (1753–1828) aus Wetzlar, in einem Brief vom 11. Januar 1785 mitteilte, schließen:[9]

... *Die Capuziner auf dem Gotthart die sich meiner erinnerten haben auf Bitte ihrer Mayländischen Freunde an mich geschrieben, und da ich ihnen als ein berühmter Mann bekannt war; so glaubten sie ich könne nichts anderes* als ein Professor in Göttingen *seyn, und müsste Relationen in Hannover haben. So ist der Brief nach Deutschland gekommen und hat mich endlich hier gefunden.*

Goethe besuchte den Sankt Gotthard sowohl auf seiner ersten Reise in die Schweiz im Juni 1775 (hier entstand die Zeichnung: »Scheideblick nach Italien«) als auch auf der zweiten Schweizer Reise im November 1779.

8 Veraltet für Mangel an Pietät, Lieblosigkeit.
9 WA IV.7, 5–6 (Brief Nr. 2045).

Die Vorgeschichte von Goethes Besuchen in Göttingen beschrieb 1927 der Göttinger Gymnasial-Professor Hugo Willrich in einer Beilage zum »Hannoverschen Kurier«.[10] Kursiv geschriebene Namen (im Original überwiegend gesperrt gedruckt) werden im Anschluß an das Zitat näher erläutert.

»Den Wunsch, Göttingen kennen zu lernen, hat Goethe schon sehr früh gehegt. Als er davon träumte, eine Universität zu beziehen, schwebte ihm die jugendliche Georgia Augusta vor, und besonders lockte ihn der Gedanke, bei Christian Gottlob Heyne die Altertumswissenschaften, bei Johann David Michaelis Bibelkunde zu studieren. Aber der gestrenge Vater hatte nun einmal eine entschiedene Abneigung gegen Göttingen, und so ist Johann Wolfgang nach Leipzig gegangen. Aber er hat Göttingen doch nie ganz aus den Augen verloren, und gerade in Leipzig erhielt er von dort die Anregung, die später herrliche Frucht tragen sollte. Es handelte sich um ein von seinem Bekannten *Schiebeler*[11] mitgebrachtes Gedicht des Göttinger Studenten Ludwig Gottlieb *Crome* unter dem Titel: ›Auf ein junges unglückliches Frauenzimmer‹. Ueber die Veranlassung zu diesem in Göttingen sehr bewunderten und sogar von Michaelis gepriesenen Gedicht bemerkte später der Herausgeber [des Gedichtes, s. Anm. 11; d. Verf.]:

›Ein Italiäner zog mit zwey Kindern herum, deren Künste er für Geld sehen ließ. Das älteste, ein schönes Mädchen von 11 Jahren, erregte durch ihre Kunst und Bildung, noch mehr aber durch ihre sanfte Sittsamkeit und edle, leidende Miene außer der Bewunderung allgemeines Mitleiden. Dies wuchs durch ihre Klagen über die harte Behandlung ihres vorgeblichen Vaters und durch einige dem Kinde entfallene

10 H. Willrich: Goethe in Göttingen – Aus guten alten Tagen der Georgia Augusta, Hannoverscher Kurier Nr. 156/57, Sonntag den 3. April 1927 (Fortsetzungen 10. und 26. April) UB Göttingen Signatur 2° HLBi; V, 4918 ge.

11 Daniel Schiebeler (1741–1771), in Goethes Werken als »juristischer Canonicus in Hamburg« und Dichter bezeichnet, s. auch WA I. 5.1, 58_{79} (Gedicht »An Mademoiselle Oeser zu Leipzig«. Frankfurt am 6. November 1768.) und WA I. 27, 181_{23} (»Dichtung und Wahrheit«).

Aeußerungen, die vermuten ließen, daß sie von ihm ihren Eltern geraubt worden sey. Man war schon darauf bedacht, ob sie nicht mit Hilfe der Obrigkeit ihrem Peiniger könne entrissen werden, als sie sich entfernte.‹

Das Gedicht dieses, Petronella geheißenen Kindes regte eine ganze Reihe von Jünglingen zu poetischen Ergüssen an, und es scheint sicher, daß die arme Kleine für Goethe das Modell zu der *Mignon*-Gestalt[12] geworden ist.

Neugeweckt wurde sein Interesse für Göttingen in Wetzlar durch Gotter, der früher dort studiert hatte und Mitglied [1769 Mitherausgeber des ersten ›Göttinger Musenalmanachs‹, nicht Mitglied des Hainbundes; d. Verf.] des *Hainbundes* gewesen war. So kam auch Goethe zu diesem Kreise in Berührung, namentlich zu den Grafen *Stolberg* und *Boie*, dessen *Musenalmanach* für 1774 vier noch ungedruckte Gedichte Goethes brachte. Sie sind mit Chiffren[13] unterzeichnet, die den Namen des Dichters verhüllen sollten, aber drei davon, ›der Wandrer‹, ›Adler und Taube‹, sowie ›Mahomeds Gesang‹ [in dieser älteren, noch dialogischen Fassung nur mit »Gesang« überschrieben; d. Verf.] strahlten so hell aus ihrer dürftigen Umgebung heraus, daß ihr Schöpfer doch nicht lange unentdeckt bleiben konnte.

Goethe selber war den Göttingern damals schon bekannt, denn *Boie* hatte es im Jahre zuvor übernommen, mit Hilfe der *Dieterichschen Universitäts-Buchhandlung* 150 Exemplare des neu erschienenen Götz von Berlichingen abzusetzen. Er hat auch 1774[14] Goethe in Frankfurt besucht und dabei mit Entzücken einige Szenen aus dem werdenden Faust anhören

12 Im »Wilhelm Meister« – Das bekannteste der Mignon-Lieder entstand 1782/83 vor Goethes Italienreise – s. dazu in: Gero von Wilpert, Goethe-Lexikon, Stuttgart 1998.

13 Erste Drucke: Musen-Almanach 1774, Göttingen »Der Wandrer« S. 15–24, unterzeichnet *T.H.* (WA I.2, 338), »Adler und Taube« S. 109–111, unterzeichnet *H.D.* (WA I.2, 312), »Mahomets Gesang« S. 49–53, unterzeichnet *E.O.* (WA I.2, 305), »Die Sprache«, S. 75, unterzeichnet *H.D.* (WA I.2, 350).

14 15.–17. Oktober 1774, erster Brief Goethes an Boie vom 10. Juli 1773 mit Bezug auf das Schauspiel »Götz von Berlichingen«, zu dessen Erscheinen Boie an Goethe geschrieben hatte – WA IV.51, 45–46 (Brief Nr. 159a).

dürfen. In das folgende Jahr fiel dann der bekannte Besuch der *Stolberger* im Goethehause, und 1776 erschienen noch ein paar [zwei; außerdem 1775: »Ein Gleichniß« und »Da hatt' ich einen Kerl zu Gast; d. Verf. – Hinweis von Pablo Kahl, Universität Göttingen] Gedichte Goethes im Musenalmanach ›Kenner und Künstler‹ und ›Kenner und Enthusiast‹: dann aber erkalteten die Beziehungen. Weihnachten 1781 widmete er in seinem Schwank ›Das Neueste von Plundersweilern‹ den ›Knaben‹ des Hains die Verse:

›Mit Siegessang und Harfenschlag verklimpern sie
den lieben Tag:
Sie kränzen freudig sich wechselweise, einer lebt in
des andern Preise.‹

Er war inzwischen ihrer Sphäre entwachsen, und als er im Jahre 1783 endlich zum erstenmal nach Göttingen kam, da waren alle die Hainbündler längst in die vier Winde zerstreut; was ihn damals nach Göttingen zog, das waren keine schwärmenden und gärigen Dichter, sondern höchst würdige, ernste Gelehrte.

Die *Göttinger Professoren* nahmen von jeher in der Welt eine ganz besondere Stellung ein. Gegenüber den alten, vielfach stark verstaubten oder vermoderten Universitäten, an denen statt frischer wissenschaftlicher Forschung und Anleitung zu einer solchen meistens eine öde Abrichtung nach veralteten Rezepten betrieben wurde, war die Georgia Augusta in *modernem Sinne* gegründet worden.

Das war allerdings nicht das Verdienst ihres fürstlichen Stifters, Georgs II. von England-Hannover, denn dieser hatte bei der ganzen Unternehmung immer nur die Besorgnis, daß sie zu kostspielig werden könnte, und das Einzige, was ihn persönlich daran interessierte, war die Reitbahn. Aber sein leitender Minister in Hannover, Gerlach Adolf *von Münchhausen*, eins der größten Verwaltungstalente des 18. Jahrhunderts, hat diese eine Lieblingsschöpfung mit hingebender Zärtlichkeit und feinstem Verständnis gepflegt. Mit vollem Recht konnte der einst wegen seiner Kinderlosigkeit bedauerte Hagestolz sagen, er habe ja eine Tochter, die Georgia Augusta. Gestützt auf gute Berater verstand er es immer, hervorragende Gelehrte ausfindig zu machen und sie auch festzuhalten, so daß die Universität so ziemlich in allen Fächern stets gut besetzt war und namentlich in den damals mächtig aufblühenden Naturwissenschaften, in der Altertumskunde und der Geschichte die führende Stellung behauptete. Auch Münchhausens Nachfolger, die beiden Brandes, Vater und Sohn, wandelten dieselben Wege, und so konnte es nicht fehlen, daß der Ruhm dieser Gelehrten in immer weitere Kreise drang. [...][15]

Wer könnte sich unter solchen Umständen wundern, daß die also angestaunten Herren selber ebenfalls eine *hohe Meinung von sich* bekamen, und das, was sie trieben, für das Wichtigste auf Erden hielten. Selbst die Stürme der napoleonischen Zeit änderten daran nicht allzuviel; noch 1812 konnte Benjamin Constant[16] auf Grund längerer Beobachtung schreiben: ›Eine Stadt von 500 000 Einwohnern kann in die Luft fliegen, aber nicht ein Professor in Göttingen hebt die Augen von seinem Buch auf.‹

Dies an sich recht begreifliche Selbstgefühl äußerte sich im Verkehr mit nicht zur Zunft gehörenden Personen nun allerdings manchmal in wenig erfreulicher Weise. Um 1790 schrieb ein junger Schweizer[17]: ›Manchem fehlt es zwar nicht an Artigkeit. Allein der ganze Ton, die Nebenumstände, alles ist schon so eingerichtet, daß man doch immer in Vergleichung mit ihnen seine eigene Niedrigkeit fühlt, so erträglich man sie einem aus Höflichkeit zu machen sucht.‹ Aehnlich lauten die meisten Aeußerungen der Jünglinge, die später von ihren Erfahrungen mit den Hofräten berichtet haben; namentlich die Süddeutschen empfanden die jene Größen umgebende Isolierschicht von feierlicher Steifheit recht schmerzlich. [...]

15 Es folgt der bereits zitierte Auszug aus dem Brief Goethes an Kestner als Beleg für den Ruhm der Göttinger Professoren.

16 Nicht nachweisbar in: W. Ebel, Briefe über Göttingen. Aus den ersten 150 Jahren der Georgia Augusta, Göttingen 1975.

17 S. Anm. 16, dort S. 43 (Zweiter Brief) – aus »Göttingen, Nach seiner Beschaffenheit ..., dargestellt von einem Unpartheyischen«. Anonym, Lausanne 1791. – Verfasser nach W. Ebel angeblich Carl Fr. Aug. Hochheimer.

Wer weiß, ob *Goethe* selber in Göttingen eine so ungewöhnlich freundliche Aufnahme gefunden hätte, wenn er nur ein Dichter und nicht auch der *Freund eines Fürsten* gewesen wäre? Denn vor den Potentaten und sonstigen hohen Herren erstarben selbst die Hofräte in submissester Devotion, sogar einer der steifsten und eitelsten unter ihnen, der berühmte Staatsrechtslehrer Johan Stephan *Pütter*, schrieb in seiner Selbstbiographie: ›Personen von erhabenem Stande auch nur zu sehen, ist schon Gewinn, vielgeschweige, wenn sie sich bis zu Gesprächen herablassen mit unser einem ... ein Glück, dessen ich mich mehrmals zu erfreuen hatte.‹ [...]

Der Gedanke an Karl Augusts Gunst deckte auch wohl die Mängel zu, die dem Dichter der ›Leiden des jungen Werther‹ in den Augen mancher Gestrengen in Göttingen zunächst angehaftet hatten.«[18]

Über den *Hainbund* hat Goethe sich mehrmals ausführlich geäußert. Der *Göttinger Hain* wurde am 12. September 1772 als Dichterbund von sechs Studenten durch Treuschwur in einem Eichengrund bei Göttingen (möglicherweise in Weende) gegründet. Die bedeutendsten Mitglieder waren Hölty, Voß, Boie, die Grafen Stolberg und der Dramatiker Leisewitz. Der Name geht auf Klopstocks Ode »Der Hügel und der Hain« zurück. Die Mitglieder kamen wöchentlich zusammen, um ihre lyrischen Werke vorzustellen und kritisch zu diskutieren. Ab 1769 (mit der Jahreszahl 1770) wurde der *Göttinger Musenalmanach* herausgegeben, in dem auch einige von Goethes frühen Gedichten erschienen (s. Anm. 13). Der Hainbund machte vor allem eine leidenschaftliche Naturverehrung populär, die Goethe später eher ablehnte. Bereits 1774 jedoch begann sich dieser Kreis aus Dichtern, die meist aus bürgerlich-protestantischen Häusern stammten, infolge Ortwechsels und auch Geldsorgen aufzulösen.[19] In seinem Kern war der Göttinger Hain eine Protestbewegung dichtender Göttinger Studenten gegen

18 S. dazu auch die Aussage von Caroline Michaelis in Kap. 2 (Prinzenstraße) anläßlich Goethes Besuch im September 1783.

19 Nach »Harenberg Lexikon der Weltliteratur«, Band 2, S. 1156, Dortmund 1989.

den Rationalismus der Aufklärung und für ein Aussprechen erlebter Gefühle.

In »Dichtung und Wahrheit« schrieb Goethe u. a. im Zusammenhang mit dem Kennenlernen des Dichters und Juristen Friedrich Wilhelm *Gotter* (1746–1797) in Wetzlar im Sommer 1772:[20]

. . .; und als ich daher meine Frankfurter und Darmstädter Umgebung vermißte, war es mir höchst lieb, Gottern gefunden zu haben, der sich mit aufrichtiger Neigung an mich schloß, und dem ich ein herzliches Wohlwollen erwiderte. Sein Sinn war zart, klar und heiter, sein talent geübt und geregelt; er befleißigte sich der französischen Eleganz und freute sich des Theils der englischen Literatur, der sich mit sittlichen und angenehmen Gegenständen beschäftigt. Wir brachten viele vergnügte Stunden zusammen zu, in denen wir uns wechselseitig unsere Kenntnisse, Vorsätze und Neigungen mittheilten. Er regte mich zu manchen kleinen Arbeiten an, zumal da er, mit den Göttingern in Verhältniß stehend, für Boie's Almanach auch von meinen Gedichten etwas verlangte.

Dadurch kam ich mit jenen in einige Berührung, die sich, jung und talentvoll, zusammenhielten, und nachher so viel und mannichfaltig wirkten. Die beiden Grafen Stolberg, Bürger, Voß, Hölty und andere waren im Glauben und Geiste um Klopstock versammelt, dessen Wirkung sich nach allen Seiten hin erstreckte. In einem solchen, sich immer mehr erweiternden deutschen Dichterkreise entwickelte sich zugleich, mit so mannichfaltigen poetischen Verdiensten, auch noch ein anderer Sinn, dem ich keinen ganz eigentlichen Namen zu geben wüßte. Man könnte ihn das Bedürfniß der Unabhängigkeit nennen, welches immer im Frieden entspringt, und gerade da, wo man eigentlich nicht abhängig ist.

Heinrich Christian *Boie* (1744–1806) erlangte weniger als Autor denn durch sein Organisationstalent literarische Bedeutung. Er hatte Jura in Jena studiert und wirkte danach als Hauslehrer in Göttingen. Er gab gemeinsam mit Gotter den *Musenalmanach für das Jahr 1770* heraus, den er dann vier Jahre lang allein betreute.

Johann Christian *Dieterich* (1722–1800) gründete 1766 in Göttingen die *Dieterich'sche Verlagsbuchhandlung.* In seinem

20 WA I.28, 138_{19}–139_{20}.

Hause lebte Georg Christoph Lichtenberg, mit dem er befreundet war. In seinem Verlag erschienen der »Göttinger Musenalmanach« und Werke von Bürger, des Göttinger Hains, von Lichtenberg, Gauß und Schlözer. 1897 übersiedelte das Unternehmen nach Leipzig, 1946 nach Wiesbaden. Im Mai 1775 lernte Goethe in Frankfurt am Main die Brüder Christian und Friedrich Leopold Graf zu *Stolberg* kennen. Mit ihnen trat er in »Werther-Kleidung« seine erste Reise in die Schweiz an. Auf dieser Reise schwelgte Goethe selbst zusammen mit den Grafen noch sehr in Gefühlen. Über die Begegnung mit den Brüdern im Zusammenhang mit dem »Göttinger Musenalmanach« schrieb Goethe in »Dichtung und Wahrheit« – mit einem Abstand von 40 Jahren:[21]

Um diese Zeit[22] *meldeten sich die Grafen Stolberg an, die, auf einer Schweizerreise begriffen, bei uns einsprechen wollten. Ich war durch das frühste Auftauchen meines Talents im Göttinger Musenalmanach mit ihnen und sämmtlichen jungen Männern, deren Wesen und Wirken bekannt genug ist, in ein gar freundliches Verhältniß gerathen. Zu der damaligen Zeit hatte man sich ziemlich wunderliche Begriffe von Freundschaft und Liebe gemacht. Eigentlich war es eine lebhafte Jugend, die sich gegen einander aufknöpfte und ein talentvolles aber ungebildetes Innere hervorkehrte. Einen solchen Bezug gegen einander, der freilich wie Vertrauen aussah, hielt man für Liebe, für wahrhafte Neigung; ich betrog mich darin so gut wie die andern, und habe davon viele Jahre auf mehr als Eine Weise gelitten. Es ist noch ein Brief von Bürgern*[23] *aus jener Zeit vorhanden, woraus zu ersehen ist, daß von sittlich Ästhetischem unter diesen Gesellen keineswegs die Rede war. Jeder fühlte sich aufgeregt und glaubte gar wohl hiernach handeln und dichten zu dürfen.*

Noch kritischer und mit deutlichem Abstand äußerte sich Goethe bereits 1781 in seinem Gedicht *Das Neueste von Plundersweilern.* Goethe selbst schrieb 1816 eine Erläuterung zur

21 WA I.29, 88_{17}–89_{10}.

22 Anfang Mai 1775, kurz nach Goethes Verlobung mit Lili Schönemann in Offenbach.

23 Briefe an Goethe, Hamburger Ausgabe, Band 1 1764–1808, München 1988 (Brief Nr. 32 vom 6.2.1775, S. 45 der dtv-Ausgabe).

Entstehung – als Weihnachtsgabe für die Herzogin Amalia in Weimar. Das Gedicht beginnt mit folgender Strophe:[24]

Im deutschen Reich gar wohl bekannt
Ist der Ort, Plundersweilern genannt,
Und seines Jahrmarkts Lärm und Lust
Viel groß und kleinem Volk bewußt;
Und sieht man, daß zu einer Stadt
Der Flecken sich erweitert hat.

Nach einer Beschreibung von Stadt und Leuten kommt er in einem Vers im Zusammenhang mit einem Leichenumzug auch auf den Göttinger Hain:[25]

Laßt sie vorbei und seht die Knaben[26]*,*
Die in der Ecke ihre Kurzweil haben,
Die Laube, die sie faßt, ist klein,
Doch dünkt sie ihnen ein dichter Hain,
Sie haben aus Maien sie aufgesteckt
Und vor der Sonnen sich bedeckt;
Mit Siegesgesang und Harfenschlag
Verklimpern sie den lieben Tag;
Sie kränzen freudig sich wechselweise,
Einer lebt in des andern Preise;
Daneben man Keul' und Waffen schaut.
Sie sitzen auf der Löwenhaut;
Doch guckt, als wie ein Eselsohr,
Ein Murmelkasten drunter vor,
Daraus denn bald ein jedermann
Ihr hohe Ankunft errathen kann.

Goethe hat dem *Göttinger Hain* nicht angehört. Seine Beziehungen zu diesem Kreis beschränkten sich auf den Kontakt zu Boie über den Mitherausgeber des *Musenalmanachs* Friedrich Wilhelm Gotter (1746–1797), den Goethe 1772 als Tischgenossen an der »Rittertafel« in Wetzlar kennengelernt hatte. In der zitierten Satire verspottete Goethe die *Knaben* des Göttinger Hains.

24 WA I.16, 43–45.
25 WA I.16, 49_{124}–50_{156}.
26 Gemeint sind die Mitglieder des Göttinger Hains.

24

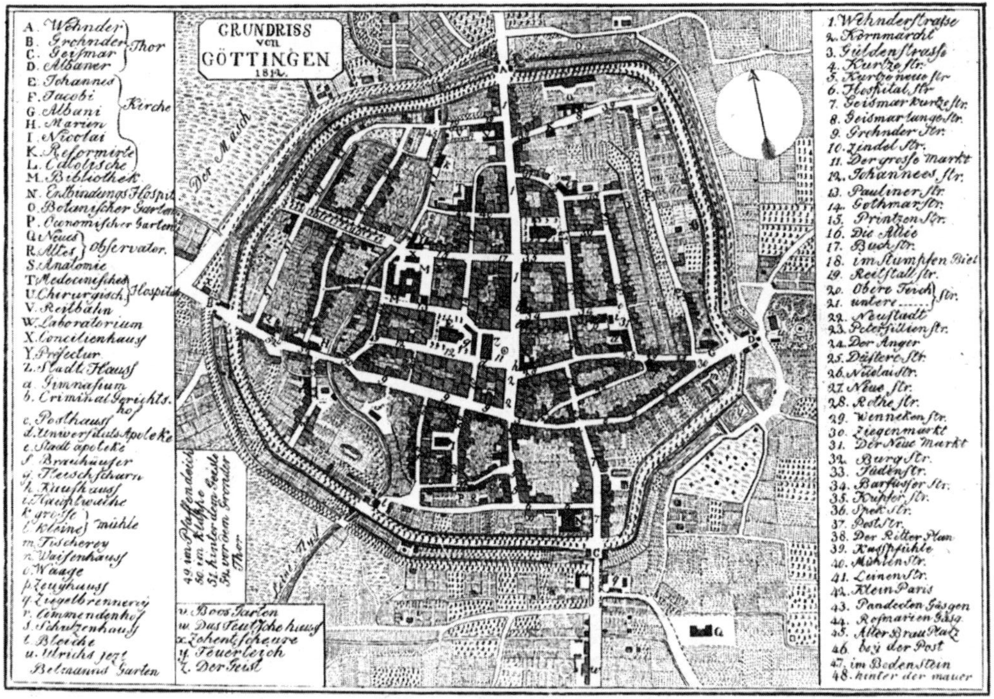

Grundriß
der Stadt Göttingen
nach einem
Kupferstich von 1814

2. Spaziergang durch das Göttingen Goethes

Es ist mir in Göttingen so wohl gegangen.
Es ist gar angenehm auf einem solchen Meere
des Wissens hinsegeln zu können!

Über Goethes Reise nach Göttingen finden wir in seinem Tagebuch des Jahres 1801 – für den Monat Juni – unter dem *5. Abreise von Weimar nach Pyrmont* folgende Anmerkung:[27] *N. B. Die Lücke des Tagbuchs wird durch ein vollständiges Tagebuch ausgefüllt. S. ein besondres Fascikel Ackten.*[28] Und abschließend heißt es: *d. 30. August Rückkehr.*

Im Kapitel »Lesarten« der Weimarer Goetheausgabe erfahren wir dann Einzelheiten zu diesem Hinweis[29] »auf ein besonderes, die Reise-Acten enthaltendes Fascikel. Daselbe (Grossfolio, 118 Blätter verschiedenen Formats, im Anfange die einzelnen Nummern *g*[1] gezählt, theils eigenhändig, theils von Geist[30] geschrieben und von Goethe durchcorrigirt) trägt von Geists Hand die Aufschrift »Acta der Reise nach Pyrmont 1801« darunter von Eckermann[31] mit Blei »Benutzt zu den Tages u. Jahresheften«. [...] Zwischen die halbbrüchig beschriebenen Blätter des Tagebuches sind eingeheftet: ein Verzeichniss der im Sommersemester 1801 an-

27 WA III.3, 15_1.

28 Wurde vom Autor im Goethe- und Schiller-Archiv in Weimar eingesehen.

29 WA III.3, 425.

30 Goethes Diener und Sekretär von 1795–1804 Johann Jakob Ludwig Geist (1776–1854), 1805 Hofmarschallamtsregistrator in Weimar, 1814 Hofmarschallamtsrechnungsrevisor.

31 Johann Peter Eckermann (1792–1854), Goethes Sekretär ab 1823, Vertrauter, gab Goethes Nachlaß heraus, wurde 1836 Bibliothekar und später Hofrat in Weimar.

gekündigten Vorlesungen der Universität Göttingen (...), Nachrichten von der Verfassung und den Mitgliedern des Familienclubbs in Göttingen, die Hausgesetze der von Osiander geleiteten Entbindungsanstalt, für die sich Goethe sehr interessirte (...), die Vorschriften der von ihm sehr stark benutzten Universitätsbibliothek (...), der in den Annalen erwähnte Brief des Studenten Schumacher aus Holstein; ... Ferner auch ein Miethcontract für eine Wohnung in Göttingen bei Instrumentenmacher Krämer (...) für die Zeit von Mitte Juli bis Mitte August...«

Bereits auf seiner Rückreise von der 2. Harzreise im September 1783 hielt sich Goethe für einige Tage – vom 27. September bis 1. Oktober – in Göttingen auf. An Charlotte von Stein schrieb er in einem Brief vom 28. September:[32] ... *Ich habe mir vorgenommen alle Professoren zu besuchen und du kannst dencken was das zu laufen giebt. Um in ein Paar Tagen herumzukommen.*

Aber erst aus Goethes Aufzeichnungen aus dem Jahre 1801, als er sich im Juni und August für insgesamt mehrere Wochen in Göttingen aufhielt (6. bis 12. Juni und 19. Juli bis 14. August), erfahren wir die Namen der Professoren, mit denen Goethe Kontakt hatte, der in einigen Fällen viele Jahre lang fortgesetzt wurde. In seinen Reiseakten – *Acta der Reise nach Pyrmont 1801* –, die im *Goethe- und Schiller-Archiv der Stiftung Weimarer Klassik* erhalten geblieben sind (s. o.), befindet sich ein *Lehrer-Verzeichnis* der Universität Göttingen. In diesem Verzeichnis hat Goethe die Namen der Professoren angestrichen, die er persönlich kennengelernt hat – insgesamt 25 ordentliche und 6 außerordentliche Professoren sowie 2 Repetenten (Dozenten). Auch enthält diese Akte ein »Verzeichnis der Vorlesungen, welche in dem nächsten Sommer vom 20sten April 1801 an sowohl von den ordentlichen und ausserordentlichen Herren Professoren als von Privat-Lehrern auf der Universität zu Göttingen gehalten werden.«

Am 2. Januar 1801 war Goethe an einer Gesichtsrose schwer erkrankt, die mehrere Tage hohes Fieber, verbun-

32 WA IV.6, 202_{9-12} (Brief Nr. 1795).

den mit Erstickungsanfällen, verursachte. In Wien hatte man ihn bereits totgesagt.

Goethe selbst schrieb darüber in seinen Tag- und Jahresheften 1801:[33] *Zu Anfang des Jahres überfiel mich eine grimmige Krankheit;* ... ein Katarrh (bei einem Besuch in Jena) – und zunächst berichtete ihm *ein junger Freund, ..., daß Peruvianischer Balsam, verbunden mit Opium und Myrrhen, in den höchsten Brustübeln einen augenblicklichen Stillstand verursache und dem gefährlichen Verlauf sich entgegensetze. Er rieth mir zu diesem Mittel, und in dem Augenblick war Husten, Auswurf und alles verschwunden. Wohlgemuth begab ich mich in Professor Schellings Begleitung nach Weimar, als gleich zu Anfange des Jahrs der Katarrh mit verstärkter Gewalt zurückkehrte und ich in einen Zustand gerieth, der mir die Besinnung raubte. Die Meinigen war außer Fassung, die Ärzte tasteten nur, der Herzog, mein gnädigster Herr, die Gefahr überschauend, griff sogleich persönlich ein, und ließ durch einen Eilboten den Hofrath Stark von Jena herüberkommen. Es vergingen einige Tage, ohne daß ich zu einem völligen Bewußtsein zurückkehrte, und als ich nun durch die Kraft der Natur und ärztliche Hülfe mich selbst wieder gewahr wurde, fand ich die Umgebung des rechten Auges geschwollen, das Sehen gehindert und mich übrigens in erbärmlichem Zustande. Der Fürst ließ in seiner sorgfältigen Leitung nicht nach, der hocherfahrne Leibarzt, im Praktischen von sicherm Griff, bot alles auf, und so stellte sich Schlaf und Transpiration mich nach und nach wieder her...*

Und später schrieb er daran anschließend:[34] ... *Ärzte sowohl als Freunde verlangten, ich solle mich in ein Bad begeben, und ich ließ mich, nach dem damaligen Stärkungssystem, um so mehr für Pyrmont bestimmen, als ich mich nach einem Aufenthalt in Göttingen schon längst gesehnt hatte.*

Den 5. Juni reis'te ich ab von Weimar, und gleich die ersten Meilen waren mir höchst erfrischend; ich konnte wieder einen theilnehmenden Blick auf die Welt werfen, und obgleich von keinem ästhetischen Gefühl begleitet, wirkte er doch höchst wohlthätig auf mein Inneres. Ich mochte gern die Folge der Gegend, die Anwechselung der Landesart bemerken, nicht weniger den Charakter der Städte,

33 WA I.35, 88–89.
34 WA I.35, 94–95.

ihre ältere Herkunft, Erneuerung, Polizei, Arten und Unarten. Auch die menschliche Gestalt zog mich an und ihre höchst merkbaren Verschiedenheiten; ich fühlte, daß ich der Welt wieder angehörte.

Die Reise von Weimar nach Göttingen führte Goethe über Erfurt, Gräfentonna (Mittagessen im »Löwen«), Langensalza nach Mühlhausen, wo er mit Sohn August und Diener Geist am Abend gegen 7 Uhr ankam und im Gasthof zum Faulen Loch übernachtete. Am 6. Juni verließen sie um 5.30 Uhr Mühlhausen und aßen in Heiligenstadt zu Mittag im Gasthof zum Mohren. Über Siemerode, Bischhagen, Bremke und Reinhausen gelangten sie nach Göttingen und nahmen Logis im Gasthof zur Krone.

Als Goethe zusammen mit seinem damals 11jährigem Sohn August und dem Diener Geist am Sonnabend, dem 6. Juni 1801 in *die so beliebte Universitätsstadt Göttingen* kam, ging er noch am selben Abend um die Stadt, *um den Character derselben und der Gegend zu beobachten.* – Und er vermerkte:[35] *Überall Richtung zur Ordnung, zum Aufbau, Urbarmachen. In diesem Gange scheint sich die Stadt seit Anlegung der Academie erhalten zu haben. Der alte Character einer niedersächsischen Land- und Fabrikstadt ist fast ganz verschwunden.*

Sonntags den 7ten. Früh mit dem Lohnbedienten [*Adresse des Lohnbedienten: An Scherff, auf der Grohnder Straße in Göttingen*[36]] *denselbigen Spaziergang wiederholt, das einzelne näher betrachtet ...*

An Christiane Vulpius in Weimar schrieb er am 6. Juni:[37] *Da wir glücklich angekommen sind wollte ich mit August, weil es noch heller Tag war um die Stadt gehen. Die Promenade hat uns viel Vergnügen gemacht.*

35 WA III.3, 17–18.
36 WA III.3, 428.
37 WA IV.15, 237_{6-9} (Brief Nr. 4401).

Die Allee –
heute Goetheallee
(Stich von Georg
Daniel Heumann,
1758)

Göttinger Wall

Wir beginnen unseren Rundgang auf den Spuren Goethes auf einem Teilstück des gut erhaltenen Walles, den Goethe noch häufiger während seines zweimaligen Aufenthaltes im Sommer 1801 als »Promenade« benutzt hat. Wir verlassen den *Bahnhofsvorplatz* nach links und überqueren die *Berliner Straße* an der Ampel-Kreuzung Godehardstraße/Obere Maschstraße. Von dort betreten wir rechter Hand den *Wall* und verlassen ihn wieder direkt am Beginn der *Goetheallee*, die zur Goethe-Zeit nur Allee genannt wurde; zum 100. Todestag Goethes 1932 wurde sie umbenannt.

Goetheallee

Im Haus Goetheallee Nr. *2* wohnte zur Zeit von Goethes Besuch der Rechtsgelehrte Justus Friedrich RUNDE (1741–1807), der 1785 als o. Professor nach Göttingen kam. Er stammte aus Wernigerode, studierte in Halle und in Göttingen zunächst Theologie, dann unter dem Einfluß des Prof. Böhmer Rechtswissenschaften, und wurde 1771 Professor der Rechte und Reichsgeschichte am Carolinum in Kassel. Goethe lernte ihn im Kreise anderer Professoren kennen.

Im Haus Nr. *12* (heutige Gedenktafel aus dem Jahr 1978) hatte Goethe auf seiner Rückreise von Pyrmont vom 18. Juli bis 14. August bei dem Instrumentenmacher Johann Paul *Krämer* eine Wohnung gemietet: »zwei Zimmer seines Hauses, in der ersten Etage, nach der Allee zu, nebst einer Kammer hinten hinaus, mit drei Betten und den nötigen Meubles für drei Friedrichsdor.«[38] *Ich bezog eine angenehme Wohnung bei dem Instrumentenmacher Krämer an der Allee im ersten Stocke.*[39]

38 Aus dem Mietvertrag vom 11.6. – nach R. Steiger: Goethes Leben von Tag zu Tag, Band IV, Original in der »Acta der Reise nach Pyrmont 1801« im Goethe- und Schiller-Archiv in Weimar.

39 WA I.35, 106_{12-14} (Tag- und Jahres-Hefte 1801) – s. dazu in Kap. 6.

An Christiane Vulpius in Weimar schrieb er am 31. Juli 1801:[40] *... Wir haben hier Gewitter und Regengüsse und ich höre aus Briefen von Loders, die hierher geschrieben sind, daß es bey euch auch nicht anders ist.*

Ich habe ein artig Quartier, an einer Art von Esplanade und nahe am Walle, auf dem ich alle Tage spazieren gehe ...

Über seine Erlebnisse in diesem Haus berichtete er in seinen Tag- und Jahres-Heften:[41] *Indeß ich nun eine Reihe von Tagen nützlich und angenehm, wie es wohl selten geschieht, zubrachte, so erlitt ich dagegen zur Nachtzeit gar manche Unbilden, die im Augenblick höchst verdrießlich und in der Folge lächerlich erscheinen.*

Meine schöne und talentvolle Freundin Dem. Jagemann[42] *hatte kurz vor meiner Ankunft das Publicum auf einen hohen Grad entzückt; Ehemänner gedachten ihrer Vorzüge mit mehr Enthusiasmus als den frauen lieb war, und glücklicherweise sah man eine erregbare Jugend hingerissen; aber mir hatte die Superorität ihrer Natur- und Kunstgaben ein großes Unheil bereitet. Die Tochter meines Wirthes Dem. Krämer hatte von Natur eine recht schöne Stimme, durch Übung eine glückliche Ausbildung derselben erlangt, ihr aber fehlte die Anlage zum Triller, dessen Anmuth sie nun von einer fremden Virtuosin höchster Vollkommenheit gewahr geworden; nun schien sie alles Übrige zu vernachlässigen und nahm sich vor, diese Zierde des Gesanges zu erringen. Wie sie es damit die Tage über gehalten, weiß ich nicht zu sagen, aber Nachts, eben wenn man sich zu Bette legen wollte, erstieg ihr Eifer den Gipfel: bis Mitternacht wiederholte sie gewisse cadenzartige Gänge, deren Schluß mit einem Triller gekrönt werden sollte, meistens aber häßlich entstellt, wenigstens ohne Bedeutung, abgeschlossen wurde.*

Andern Anlaß zur Verzweiflung gaben ganz entgegengesetzte Töne; eine Hundeschaar versammelte sich um das Eckhaus, deren Gebell anhaltend unerträglich war. Sie zu verscheuchen, griff man nach dem ersten besten Werfbaren, und da flog denn manches Am-

40 WA IV.15, 250_{9-14}.

41 WA I.35, 110–112.

42 Karoline Jagemann (1777–1848), Schauspielerin und Sängerin, ab 1797 am Weimarer Theater, Favoritin des Herzogs Carl August, deren Intrigen Goethe 1817 zum Rücktritt von der Leitung des Theaters veranlaßten.

monshorn des Hainberges, von meinem Sohn mühsam herbeigetragen, gegen die unwillkommenen Ruhestörer, und gewöhnlich umsonst. Denn wenn wir alle verscheucht glaubten, bellt' es immerfort bis wir endlich entdeckten, daß über unsern Häuptern sich ein großer Hund des Hauses am Fenster aufrecht gestellt seine Kameraden durch Erwiderung hervorrief.

Aber dieß war noch nicht genug; aus tiefem Schlafe weckte mich der ungeheure Ton eines Hornes, als wenn es mir zwischen die Bettvorhänge hineinbliese. Ein Nachtwächter unter meinem Fenster verrichtete sein Amt auf seinem Posten, und ich war doppelt und dreifach unglücklich, als seine Pflichtgenossen an allen Ecken der auf die Allee führenden Straßen antworteten, um durch erschreckende Töne uns zu beweisen, daß sie für die Sicherheit unserer Ruhe besorgt seien. Nun erwachte die krankhafte Reizbarkeit, und es blieb mir nichts übrig, als mit der Polizei in Unterhandlung zu treten, welche die besondere Gefälligkeit hatte, erst eins, dann mehrere dieser Hörner um des wunderlichen Fremden willen zum Schweigen zu bringen, der im Begriff war die Rolle des Oheims in Humphry Klinker zu spielen, dessen ungeduldige Reizbarkeit durch ein paar Waldhörner zum thätigen Wahnsinn gesteigert wurde.

Mit *Humphry K(C)linker* erwähnt Goethe den 1771 (deutsche Übersetzung von J.J. C. Bode 1772) erschienenen Briefroman »Humpry Clinkers Reise« *(The Expedition of Humphry Clinker)* des schottischen Schriftstellers Tobias Georg Smolett (1721–1771), eine realistische Schilderung in der Tradition des Schelmenromans: Der Oheim – und eine der Hauptpersonen – Matthew Bramble of Brambleton Hall begibt sich wegen Gicht, Rheumatismus und einem allgemeinem Unwohlsein in das englische Heilbad Bath in der Grafschaft Avon. Weitere Personen sind seine Schwester, Brambles Neffe und dessen Schwester – und Humphry Clinker, die Titelfigur, der zunächst als Ersatz für einen entlassenen Kutscher auftaucht und sich später als unehelicher Sohn Brambles zu erkennen gibt. Die Kur hilft Bramble zunächst nicht, aber die weitere Reise an der Ostküste bis Edinburgh und Glasgow läßt ihn aufgrund seines aktiven Lebens in frischer Luft gesund werden, wobei er sich von einem mürrischen Hypochonder zu einem lebensbejahenden Menschen entwickelt.[43] Der Roman weist somit einige Parallelen zu Goethes Zustand im Jahre 1801 auf, der ihn zu der Kur in Pyrmont veranlaßte.

Auf der anderen Straßenseite im Haus Nr. *13* wohnte der Staatsrechtslehrer Johann Stephan PÜTTER (1725–1807). Den 76jährigen Gelehrten besuchte Goethe am Sonntag, den 7. Juni vor dem Mittagessen: *Bey Geheime Justizrath Pütter, welcher bey seinem Alter noch munter genug war und sich verschiedener alter Zustände und Begebenheiten erinnerte.*[44]

Pütter stammte aus Iserlohn und wurde nach einem Studium der Rechtswissenschaft in Marburg, Halle und Jena 1744 Lizentiat der Rechte (wie auch Goethe in Straßburg) in Marburg. 1746 berief ihn der Kurator der Universität Göttingen, G. A. v. Münchhausen, als ao. Professor (1753 o. Prof.) für Rechtswissenschaften. Er wurde Kronjurist zahlreicher Fürstenhäuser, »Königl. Großbrit. churfürstl. Braunschw. Lüneb. Hofrath und ordentlicher Lehrer des Staatsrechts«. Pütter lehrte 60 Jahre in Göttingen. Er hatte zahlreiche Schüler, die in fast allen Regierungen Europas tätig wurden. Er lebte in diesem Haus seit 1753 – zunächst als Mieter des Ackermanns J. G. Knoop; 1764 wurde er Eigentümer. Die Gedenktafel wurde 1874 angebracht und 1953 erneuert. Goethe beschäftigte sich vor allem mit seinem Werk »Versuch einer academischen Gelehrten-Geschichte von der Georg-August-Universität zu Göttingen. Im Verlag der Witwe Vandenhoeck, Göttingen 1765« und »Zweyter Teil von 1765 bis 1788 mit 6 Kupfern. Göttingen in Vandenhoeck-Ruprechtischem Verlage 1788«.[45]

43 Nach »Harenberg Lexikon der Weltliteratur«, Band 3, Studienausgabe, Dortmund 1994.

44 WA III.3, 18_{15-17}.

45 Das Werk gehört heute zu den »RARA« der Universitätsbibliothek; eine Kopie befindet sich im Katalogsaal.

Neustadt

Vom »Goethehaus« an der Ecke Goethe-Allee/Obere Maschstraße gehen wir ein kleines Stück Weges zurück, um in die Straße *Neustadt* einzubiegen. Dort befindet sich an einem Neubau mit der *Nr. 12* eine *Gedenktafel* für

JOHANN FRIEDRICH BLUMENBACH (1752–1840)
»Professor für Arzneiwissenschaften und Medizin
an der Georg-August-Universität
in Göttingen von 1776 bis 1840
Naturforscher und Begründer der
naturwissenschaftlichen Anthropologie
Gründer und Förderer mehrerer Göttinger
Universitätssammlungen
Verfasser zahlreicher international anerkannter
Fach- und Lehrbücher
Er lebte und lehrte hier viele Jahre.«

In dem an dieser Stelle befindlichen Haus wohnte Blumenbach ab 1785; am 12. August 1816 wurde das Haus käuflich erworben. Am 1. März 1824 legte ein Senatsbeschluß für 20 Jahre fest, daß dieses Haus »frei von allen ordinären öffentlichen Abgaben in dankbarer Anerkennung der großen Verdienste um das Wohl hiesiger Stadt« sei.

Goethe besuchte Blumenbach am folgenden Tag nach seiner Ankunft in Göttingen am Sonntag, den 7. Juni 1801 und besichtigte dessen Schädelsammlung, Zeichnungen und Malereien verschiedener Völker und andere Kuriosa, wie er in seinem Tagebuch vermerkte. Auch am Nachmittag desselben Tages begab er sich *um 3 Uhr zu Hofr. Blumenbach, dessen Schädelsammlung näher durchgesehen, die Zähne des Ohiothiers, verschiedene andere* Incognita *besonders Versteinerungen.*[46]

Danach besuchte er das Museum in den Gebäuden der Bibliothek zwischen Pauliner- und Prinzenstraße: *Alsdann aufs Museum, die Fabrikate der Völker von den Südseeinseln. Alles Geflechte besonders schön.*

46 WA III.3, 18_{24}–19_{5}.

Johann Stephan Pütter (1725–1807)

Johann Friedrich Blumenbach (1752–1840)

Und auch den weiteren Verlauf des Tages hielt er sich dann bei Blumenbach auf: *Bey Blumenbach zum Thee, Mineralien von den Südseeinseln, viel talkartiges Gestein, besonders schöner Nephrit*[47]. *Ein Stückchen Steinregen*[48]. *Aerolith*[49], *eine Art von feinkornigen grauem Tuff mit wenigem Eisen und Eisenkies.* Und auch *Abends bey Blumenbach zu Tische.*

Blumenbachs Werk »Handbuch der vergleichenden Anatomie und Physiologie« (Göttingen 1779, 13. Aufl. 1830) hat er bei seinen späteren botanischen Studien immer wieder zu Rate gezogen (s. z. B. im Tagebuch vom 11. April 1817[50]: *Geschichte meines botanischen Studiums, Blumenbachs comparirte Anatomie …*).

Blumenbach stammte aus einer angesehenen Thüringer Familie in Gotha: Die Mutter Charlotte Eleonore Hedwig war eine Tochter das Gothaischen Vizekanzlers Buddeus, der Vater Heinrich war Professor am Gymnasium illustre. 1769 begann Blumenbach ein Studium der Medizin in Jena, das er 1772 in Göttingen fortsetzte – die Promotion zum *Doctoris medicinae* erfolgte 1775. Er heiratete dort 1779 die Tochter des Geheimen Kanzleisekretärs Georg Friedrich Brandes (s. Kap. 7) zu Hannover. 1776 war er zum ao., 1778 zum o. Professor der Medizin in Göttingen ernannt worden.

Im Katalog zur Blumenbach-Ausstellung im Foyer der Niedersächsischen Staats- und Universitätsbibliothek 1984[51] wird Blumenbach im Geleitwort wie folgt gewürdigt:

»Der Begründer der Anthropologie als empirischer Naturwissenschaft und Ordinarius der Medizin in Göttingen stand ein langes Menschenalter hindurch im Mittelpunkt eines weitverzweigtes Netzes wissenschaftlicher Kommunikation. Als Lehrer, Mentor, Ratgeber, Beobachter, Kritiker und Forscher hat er auf Generationen führender Köpfe des

47 Handelsname Jade.

48 Als Schwarm herniedergehender Meteorsteine im Deutschen Wörterbuch der Brüder Grimm.

49 Meteorit.

50 WA III.6, 34_{26-27}.

51 F.W.P. Dougherty: Commercivm epistolicvm J. F. Blvmenbachii. Aus einem Briefwechsel des klassischen Zeitalters der Naturgeschichte, Göttingen 1984, Geleitwort von R. Toellner.

geistigen Europa gewirkt und am Ende der ersten hundert Jahre der Georgia Augusta, wie vor ihm nur zu deren Beginn Albrecht von Haller, die Welt nach Göttingen geholt und Göttingen in der Welt zu einem Begriff gemacht.«[52]

Blumenbach führte auch die Oberaufsicht über das akademische Museum (s. auch weiter unten). »Heute ist dieses zentrale Museum aufgegliedert, seine Schätze sind verteilt auf die Unterrichtssammlungen der verschiedenen Institute für Paläontologie, Ethnographie, Geologie, Mineralogie, Zoologie, Anatomie und pathologische Anatomie.«[53]

Goethe hat viele Jahre lang mit Blumenbach in freundschaftlichem und brieflichem Kontakt gestanden: In Goethes Werken sind Briefe aus der Zeit von 1783 bis 1829 belegt. Die Register der Weimarer Ausgabe verzeichnen unter dem Namen Blumenbach über 100 Eintragungen; 15 Briefe bzw. Briefkonzepte sind dort abgedruckt. Auch Goethes Sohn August war mit Blumenbach befreundet.

Über einen Besuch Blumenbachs im Hause Goethe in Weimar am 10. Oktober 1822, verbunden mit einer kurzen Charakterisierung dieser Göttinger Persönlichkeit, berichtete *Johann Peter Eckermann* in seinem Werk »Gespräche mit Goethe«[54]:

»In einer Abendgesellschaft bei Goethe mit dem berühmten *Blumenbach* aus Göttingen. Blumenbach ist alt[55], aber von lebhaftem und heiterem Ausdruck; er hat sich die ganze Beweglichkeit der Jugend zu bewahren gewußt. Sein Benehmen ist der Art daß man nicht denkt daß man einen Gelehrten vor sich habe. Seine Herzlichkeit ist frei und froh; er macht keine Umstände und man ist bald mit ihm auf einem sehr bequemen Fuß. Seine Bekanntschaft war mir so interessant wie angenehm.«

Im Hause Blumenbach traf sich Goethe am Abend des 7. August auch mit Blumenbachs Schwager, dem Staats-

52 R. Toellner s. Anm. 51.

53 Georg B. Gruber: Naturwissenschaftliche und medizinische Einrichtungen der jungen Georg-August-Universität in Göttingen, Göttingen 1955.

54 Reclam-Ausgabe Nr. 2002, 1994, S. 539.

55 Zu diesem Zeitpunkt bereits 70 Jahre alt.

mann (Nachfolger seines Vaters Georg Friedrich B., s. o. und Kap. 7) und Schriftsteller Ernst *Brandes* (1758–1810), den er am Vormittag kennengelernt hatte und dessen »Betrachtungen über den Zeitgeist in Deutschland« er im Januar 1811 (Tgb. 18. u. 19. Jan.) studierte. Brandes ist auch der Autor einer Studie »Ueber den gegenwärtigen Zustand der Universität Göttingen« (1802), in der er ausführlich auf die Bibliothek eingeht (s. Kap. 3).

Von der Neustadt führt unser Goethe-Weg durch die *Petrosilienstraße* zum *Papendiek*.

Papendiek

Am Fachwerkhaus *Papendiek 16* befinden sich drei Gedenktafeln – für: »Christian Gottlob HEYNE Altphilologe 1763–1812 – Therese HEYNE Schriftstellerin 1764–1785 – Georg FORSTER Naturforscher 1787–1788«

Goethe hatte am Sonntag, den 7. Juni 1801, bevor er sich zu Prof. Blumenbach begab, den Geheimen Justizrath Heyne zu einem *Gespräch über die politische Lage der Dinge, besonders Hannover* aufgesucht. Das Haus hatte Heyne 1774 von dem Kommerzienrat Scharff erworben; auch sein Haus wurde von der Stadt 1799 aufgrund seiner Verdienste für 20 Jahre von allen Abgaben befreit. Am folgenden Dienstag besuchte Goethe ihn nochmals am Nachmittag: *Bey Heyne im Vorbeygehen die Tischbeinischen neuen Köpfe, welche er von Hannover geschickt, angesehen; sie stellen Agamemnon und Achill dar.*

Christian Gottlob HEYNE wurde als Sohn eines Webers am 26. September 1729 in Chemnitz geboren, studierte in Leipzig Theologie und Jura. Sein Vater wollte offensichtlich, daß sein Sohn auch wieder den Beruf des Webers erlernen sollte, und verweigerte ihm daher jegliche finanzielle Unterstützung zum Studium, die dann doch von einigen Paten kam. Ein lateinisches Gedicht Heynes erweckte die Aufmerksamkeit des Grafen von Brühl in Dresden, der ihm 1753 dort eine Stelle als Bibliothekar vermittelte. Als Gutsverwalter war er kurze Zeit während des Siebenjährigen

Christian Gottlob Heyne (1729–1812)

Johann David Michaelis (1717–1791)
(Kupferstich von J.G. Schmidt)

Krieges (1756–1763) tätig. 1763 berief ihn der Kurator der Universität A. G. von Münchhausen als Professor für klassische Philologie und Bibliothekar, d. h. auch Nachfolger Gesners, nach Göttingen. Hier lehrte er fast ein halbes Jahrhundert lang und wurde zum Begründer der universellen Altertumswissenschaften. Schwerpunkte seiner Studien waren die griechischen und römischen Schriftsteller. Von ihm stammen hervorragend bewertete Ausgaben von Vergil, Pindar und Homer. Durch ihn gewann die Universität Göttingen in der zweite Hälfte des 18. Jahrhunderts ein hohes Ansehen.

Therese HEYNE, Tochter des Prof. Heyne, war die beste Freundin von Caroline Michaelis (s. u.: Prinzenstraße). Sie heiratete 1784 den Natur- und Völkerkundler Georg FORSTER, der seinen Vater Johann Reinhold Forster auf der zweiten Weltumsegelung von James COOK 1772 bis 1775 begleitet hatte. Aus der Cook-Forster-Sammlung dieser Reise erhielt Blumenbach für das Akademische Museum Materialien aus der Südsee, aus Hawaii, Tahiti, Tonga und Neuseeland, die auch Goethe bewunderte. Exponate daraus sind heute in der Völkerkundlichen Sammlung der Universität am Theaterplatz zu sehen. Sie ist aus dem 1773 gegründeten Academischen Museum hervorgegangen und weist als älteste und auch kostbarste Bestände vor 1800 die große Cook- und Forster-Sammlung (Südsee) und die Sammlung Baron von Asch (Nordasien und Nordwest-Amerika) auf. Das Ehepaar Forster zog nach der Heirat für zwei Jahre in das damals polnische Wilna und kam dann für ein Jahr nach Göttingen zurück. Forster folgte 1787 einem Ruf an die Universität Mainz. Therese Heyne heiratete nach dem Tod Forsters 1794 den Schriftsteller Huber. Sie selbst gilt als eine der ersten deutschen Journalistinnen. Sie schrieb zahlreiche Erzählungen und auch Romane und war im Verlag Cotta Herausgeberin der Zeitschrift »Morgenblatt für gebildete Stände«. Die Stadt Stuttgart würdigte 1988 die Erzählerin und Journalistin, 1989 wurde daraufhin auch am »Heyne-Haus« eine Gedenktafel angebracht.

Gegenüber diesem Haus befindet sich der alte Universitätsbezirk um die Paulinerkirche, wo auch die *Universitäts-*

bibliothek und das *Museum* untergebracht waren. Beide Einrichtungen hat Goethe intensiv genutzt. Das Akademische Museum war »zunächst in Verbindung mit der Universitätsbibliothek im alten Kollegiengebäude (Prinzenstraße) untergebracht; durch Hinzunahme von Räumen ehemaliger Professorenhäuser in unmittelbarer Nachbarschaft konnte man die Güter des Museums neu einteilen und aufstellen: Es umfaßte 1793 eine zoologische Sammlung in 7 Zimmern, eine mineralogische in 5 Zimmern; 2 Räume waren mit ethnographischen Dingen belegt. [...] Die Oberaufsicht über das akademische Museum führte Johann Friedrich Blumenbach (1752–1840), der selbst bekannt als unentwegter Sammler die schon vorhandenen Bestände nach Kräften mehrte.«[56]

Im Akademiehof an der ehemaliger Paulinerkirche befindet sich ein *Lichtenberg-Denkmal* (von Prof. Volker Neuhoff geschaffen). Lichtenbergs Wohnhaus in der Gotmarstraße werden wir noch aufsuchen.

Prinzenstraße

Gegenüber dem ehemaligen Haupteingang zur Universitätsbibliothek steht das *Michaelis-Haus* in der *Prinzenstraße 21*. Hier war Goethe bereits bei seinem ersten kurzen Besuch Göttingens im September 1783 auf der Rückreise aus dem Harz zu Gast, wie wir aus einem Brief von Caroline Michaelis (geb. 1763), Tochter des Orientalisten und Theologen Johann David MICHAELIS, an ihre Freundin Luise Gotter vom 30.9.1783 erfahren:

»[...] alle unsere schnurgerechten Herren Professoren sind dahin gebracht, den Verfasser des WERTHER für einen soliden hochachtungswürdigen Mann zu halten. [...] Er hielt sich zwei Tage hier auf. Am ersten waren wir mit seinem Anblick zufrieden. [Als wir] abends [des folgenden Tages] zu Haus kamen, war er bei Böhmers und bei uns ge-

56 S. Anm. 53, S. 18–19.

wesen und unsre Väter aßen bei Schlözer, wo Goethe war.«[57]

Schon in Goethes »Dichtung und Wahrheit« lesen wir, daß es sein sehnlichster Wunsch gewesen war, zu den Füßen von Heyne und Michaelis zu sitzen und deren Lehren zu lauschen.

Das Haus Prinzenstraße 21 wurde 1737 als »London-Schänke« erbaut. Michaelis kaufte es von der Erben des Baumeisters J. Schädeler und wohnte dort seit 1766. Ab 1842 befanden sich hier nach dem Ankauf durch die Regierung in Hannover verschiedene Universitätsinstitute. Der evangelische Theologe und Orientalist Johann David MICHAELIS war 1750 als Professor für Philosophie und orientalische Sprachen nach Göttingen gekommen. Von 1761 bis 1763, bis zur Berufung Heynes, leitete er auch die Bibliothek. Er beschäftigte sich besonders erfolgreich mit der Erforschung alttestamentlicher Texte. Für seine Arbeiten zum altjüdischen Recht verwendete er als erster das Arabische zur Erklärung. Neben Halle entwickelte sich Göttingen durch diese beiden Gelehrten zu einer Pflegstätte der Orientalistik. Für seine Arbeiten zum »West-östlichen Divan« hat Goethe auch auf die Werke von Michaelis, wenn zum Teil auch mit kritischen Anmerkungen, zurückgegriffen[58]. Auch in den »Leiden des jungen Werther« erwähnt er seinen Namen[59], ebenso seine »Arabische Grammatik« in den Tag- und Jahres-Heften von 1818 im Zusammenhang mit wiederum dem »Divan«. In den Lebenserinnerungen »Dichtung und Wahrheit« schrieb Goethe außerdem, daß man vor Beginn seines Studiums begonnen habe, *orientalische Localitäten, Nationalitäten, Naturproducte und Erscheinungen genauer zu studiren und sich auf diese Weise jene alte Zeit zu vergegenwärtigen suchte. Michaelis legte die ganze Gewalt seines Talents und seiner Kenntnisse auf diese Seite.*[60]

57 Zitiert nach R. Steiger: Goethes Leben von Tag zu Tag, Band II, S. 417.
58 WA I.7, 102.
59 WA I.19, 123.
60 WA I. 27, 97.

Michaelis, der ja eigentlich nur die Interimsleitung der Bibliothek innehatte, ließ am 28. Oktober 1761 die ersten, für die damalige Zeit außerordentlich liberalen »Bibliotheksgesetze« in Kraft treten, von denen auch Goethe später seinen Vorteil haben sollte.

Im Michaelis-Haus wohnte nach Ostern 1801 bei dem Medizin-Professor Arnemann, der das Haus 1791 kaufte, auch Achim von ARNIM. Er war unter den Studenten, die Goethe verbotenerweise bei seinem ersten Aufenthalt im Sommer 1801 huldigten – s. weiter unten – Weender Straße.

Stumpfebiel

Unser Goethe-Weg führt von hier in der Prinzenstraße in Richtung Stadtmitte und biegt an den nächsten Kreuzung in die Straße *Stumpfebiel.* Im *Haus Nr. 2* (Gedenktafel) wohnte 1783 der Rechtsgelehrte Georg Ludwig BÖHMER (1715–1797), den Goethe besucht hatte. Caroline Michaelis, die uns über Goethes Besuch in diesem Hause informierte und die mit Therese Heyne, der Tochter von Ch. G. Heyne, befreundet war, heiratete 1784 den Sohn des Professors, den Berg- und Stadtphysikus Franz Böhmer in Clausthal. Nach dem Tode ihres Mannes (1788) heiratete sie 1796 August Wilhelm Schlegel und nach der Scheidung 1803 den Philosophen Friedrich Wilhelm Schelling. Sie starb 1809 und wurde durch ihre im Geist der Frühromantik geschriebenen Briefe bekannt. Caroline Michaelis, Therese Heyne und Dorothea Schlözer (s. Paulinerstraße) waren nicht nur enge Freundinnen aus Professorenhäusern, sondern auch selbst bedeutende Frauen der Aufklärung. Es verwundert daher nicht, daß sie auch in der Literatur unserer Zeit große Beachtung finden.[61]

61 Carmen Kahn-Wallerstein: Schellings Frauen: Caroline und Pauline, Frankfurt am Main 1979; Bärbel Kern/Horst Kern: Madame Doctorin Schlözer. Ein Frauenleben in den Widersprüchen der Aufklärung, 2. Aufl., München 1990.

Am 22. Juni 1801 berichtete Caroline Schlegel ihrem Mann über Goethes Besuch u. a.: »den allgemeinen Klub hat er besucht, wo denn die sämtliche Gesellschaft ihm ein Vivat brachte.«[62] Goethe trug am 11. Juni in sein Tagebuch den Hinweis ein: *Abends im Clubb.*

Der »Familien-Clubb zu Göttingen« war am 8. November 1798 gegründet worden. Goethe hat in seinen Reiseakten die »Fünfte Nachricht von der Verfassung und den Mitglieder des Familien-Clubbs zu Göttingen. Neujahr 1801« aufbewahrt, die im Goethe- und Schiller-Archiv in Weimar erhalten geblieben sind. Aus der »Verfassung« sind folgende Einzelheiten über Mitgliedschaft und Ziele dieses Klubs zu entnehmen:

»1. Der Clubb *besteht* Theils aus angesehenen *Familien* in der Stadt und der Nachbarschaft, Theils aus hiesigen *Studierenden.*

2. Alle *Damen*, die zu den Familien der wirklichen Mitglieder gehören, sind beständige *Ehrenmitglieder* der Gesellschaft. [...]

9. Die Gesellschaft versammelt sich alle *vierzehn Tage Ein Mahl, des Donnerstags*, Abends um 6 Uhr, und trennt sich um 10 Uhr. [...]

12. Es wird *Thee* und um 8½ ein *kaltes Abendessen* serviert.

13. Conversation, erlaubte Kartenspiele und schickliche Gesellschaftsspiele gewähren Jedem die mögliche *Unterhaltung* nach seinem Geschmacke. Musik und Tanz können, auch wegen Mangel an Raum, nur selten Statt finden...« (unterzeichnet von Karl Reinhard Bouterwek).

Am Ende des Jahres 1800 wies der *Familien-Clubb* insgesamt 125 Mitglieder auf – darunter neben der Professoren auch Träger bedeutender Namen wie van Campe aus Lüneburg, Graf v. Kielmannsegge aus Lauenburg, v. Maltzahn aus Mecklenburg, v. Münchhausen aus dem Braunschweigischen und Graf von Sayn-Wittgenstein.

62 Nach R. Steiger Band IV, S. 205.

Blick in die Paulinerstraße mit Südfront der Paulinerkirche
(Kupferstich von G.D. Heumann, 1748)

Gotmarstraße

Vom Stumpfebiel 2 kehren wir zurück zur Kreuzung Prinzenstraße und gelangen in die *Gotmarstraße* zum Haus *Nr. 1*. Hier lebte der Physiker und Philosoph Georg Christoph LICHTENBERG, den Goethe auf seiner 2. Harzreise am Sonnabend, den 27. September 1783 besuchte. Dazu Lichtenberg selbst in einem Brief an Schernhagen:

»Am [...] abend habe ich einer sehr illustren Gesellschaft ein Collegium gelesen. Dem alten Grafen von Hardenberg [...], seiner Gemahlin, [...] seiner Tochter und ihrem Gemahl, der Gräfin Reventlow, [...] zweenen Grafen von Moltke, und [...] dem berühmten Herrn [...] Geheimden Rat von Goethe aus Weimar, der noch zwei junge Leute bei sich hatte. [...] Indessen macht die Sache Aufsehen [...]; daß ich der dephlogistierten Luft[63] nicht geschont habe.«[64]

Lichtenberg hatte u. a. eine Uhrfeder in reinem Sauerstoff verbrannt. Er wohnte in diesem Haus, das seinem Verleger Johann Christian Dieterich gehörte, seit Ende 1775 und benutzte einen Raum in der 1. Etage auch als Hörsaal für seine Studenten.

Goethe korrespondierte mit Lichtenberg später auch über seine Experimente zur Farbenlehre, deren Deutungen Lichtenberg jedoch nicht folgen wollte, da Goethe die Newtonsche Lehre ablehnte.

Paulinerstraße

Von der Gotmarstraße gelangen wir vor der St. Johanniskirche rechter Hand in die *Paulinerstraße*. Hier befand sich das Haus (*Nr. 19*) des Historikers und Staatswissenschaftlers August Ludwig SCHLÖZER (1735–1809), den Goethe am Sonntag, den 7. Juni 1801 besuchen wollte: *Zu Herrn Hofr. Schlözer, ward nicht angenommen*. Am folgenden Montag hatte er dann jedoch Erfolg. Schlözers Tochter Dorothea[65] (1770–

63 Dephlogistierte Luft = Sauerstoff.
64 Zitiert nach R. Steiger Band II, S. 417.

1825) wurde als erste Frau in Deutschland 1787 zum Dr. phil. promoviert. Sie heiratete den Senator von Rodde in Lübeck und besuchte Goethe 1820 in Jena, worüber er in seinen Tag- und Jahres-Heften berichtet:[66]

Gar mancherlei Besuche beglückten und erfreuten mich in dem alten Gartenhause und dem daran wohlgelegenen wissenschaftlich geordneten botanischen Garten. Madame Rodde, geborne Schlözer, die ich vor vielen Jahren bei ihrem Vater gesehen hatte, wo sie als das schönste hoffnungsvollste Kind zur Freude des strengen, fast mißmuthigen Mannes glücklich emporwuchs. Dort sah ich auch ihre Büste, welche unser Landsmann Trippel kurz vorher in Rom gearbeitet hatte, als Vater und Tochter sich dort befanden. Ich möchte wohl wissen ob ein Abguß davon noch übrig ist, und wo er sich findet; er sollte vervielfältigt werden: Vater und Tochter verdienen daß ihr Andenken erhalten bleibe.

Nach den Angaben von Caroline Michaelis hatte Goethe im Hause Schlözer bereits am 28. September 1783 zusammen mit ihrem Vater und dem Vater ihres späteren Ehemanns Böhmer zu Abend gegessen.

Schlözer stammte aus Gaggstadt in Württemberg und studierte in Wittenberg und Göttingen. Ihm wird der Ausspruch *»Extra Gottingam vivere, non est vivere«* zugesprochen – frei übersetzt: Nicht in Göttingen leben zu können, das ist nicht lebenswert. Er wurde nach dem Studium zunächst Hauslehrer in Schweden, kehrte 1759 nach Göttingen zurück, um Medizin zu studieren, lebte wiederum als Hauslehrer ab 1761 in St. Petersburg und wure dort 1764 Professor der Geschichte an der Kaiserlichen Akademie der Wissenschaften. 1769 wurde er als o. Prof. der Geschichte nach Göttingen berufen. Goethe las im April und Oktober 1803 »Schlözers öffentliches und Privatleben, von ihm selbst beschrieben«.

In der Pauliner Straße *Nr. 4* (Gedenktafel) wohnte Johann Beckmann, den Goethe bei Prof. Eichhorn in der Kurzen Straße (s.dort) in großer abendlicher Gesellschaft kennenlernte.

65 S. Anm. 61.
66 WA I.36, 182.

Johannisstraße

Wir gehen durch die Paulinerstraße an renovierten typischen Professorenhäuser der damaligen Zeit vorbei und wenden uns im Papendiek an der Rückseite der Paulinerkirche nach links, um in die *Johannisstraße* zu gelangen, wo im Haus *Nr. 29* der Theologe und Kirchenhistoriker Gottlieb Jakob PLANCK (1751–1833) wohnte. Er erwarb dieses Haus 1785, hielt dort Vorlesungen und lebte hier bis zu seinem Tode. Goethe besuchte ihn im Sommer 1801 am Dienstag, den 9. Juni: *Nachmittag bey Conistorialrath Planck.*

Zu dieser Zeit hatte Planck bereits sein bedeutendstes Werk – die »Geschichte der Entstehung, der Veränderungen und der Bildung unseres protestantischen Lehrbegriffs« (6 Bände, Leipzig 1781–1800) herausgegeben.

Er stammte aus Nürtingen in Württemberg, studierte Theologie in Tübingen und war ab 1775 Repetent am Tübinger Stift. 1781 wurde er Professor und Prediger an der Hohen Karlsschule in Stuttgart, bevor er 1784 als o. Prof. für Theologie nach Göttingen kam.

Den Kern der Altstadt um die ehemaligen Kollegiengebäude, Pauliner- und Johanniskirche sowie das Rathaus verlassen wir rechter Hand durch die Zindelstraße, um nach Überquerung der Groner Straße durch die Nikolaistraße zu spazieren.

Nikolaistraße

Hier befand sich im Haus *Nr. 25* (Gedenktafel) die Wohnung des bereits 1800 verstorbenen Mathematikers und Philosophen Professor Abraham Gotthelf KÄSTNER (1719–1800). Er erwarb dieses Haus von dem Knochenhauer J. Chr. Krische im Jahre 1775. In Leipzig geboren war er nach einem Studium der Rechtswissenschaften und Philosophie an der dortigen Universität 1746 ao. Prof. der Mathematik in Leipzig geworden. 1756 kam er als o. Prof. für Mathematik und Physik nach Göttingen. Gauß soll von ihm gesagt haben, daß er unter den Dichtern der beste Mathematiker und unter den Mathematikern der beste Dichter gewesen sei.

Goethe interessierte sich bei seinem Besuch in Göttingen für die Bibliothek des Verstorbenen.

So lautet die Eintragung im seinem Tagebuch vom 24. Juli bzw. 11 . August: *In Kästners Hause wo ich dessen Bücher besah. -- Früh auf der Kästnerischen Bibliothek mit Excerpten aus Compendien beschäftigt, ...*

In einem Brief an den befreundeten Prof. Sartorius bittet er diesen um die Ersteigerung einiger Exemplare (s. auch in Kap. 5): *Nach beyliegenden Verzeichnissen haben Sie ja wohl die Güte in der Kästnerischen Auction bieten zu lassen ...*

Zu den zwölf Bänden, die für Goethe in der Auktion erstanden wurden, gehört Rizettis Werk »Specimen physico-mathematicum de Luminis affectionibus«, dem er im historischen Teil der Farbenlehre ein eigenes Kapitel widmet.[67] Goethe erwarb auch einige Werke aus der spanischen Literatur, zum Teil in italienischer Übersetzung, so Cervantes' Don Quiochote (1605/1615) in einer Ausgabe von 1677, und »Die Abenteuer und Leiden des Persilas und der Sigismunda« (1616) in Spanisch, in einer Ausgabe von 1618. Goethes Begriff der Weltliteratur wird hieran deutlich. Ein Werk mit dem Titel »Eine Compagnie Weyhnachts Fratzen« von Praetorius in Leipzig erschienen, könnte Goethe im Zusammenhang mit seinen Quellenstudien über magisches Zauberwesen für den *Faust* interessiert haben. An deutschsprachiger Literatur sind nur zwei Erwerbungen zu nennen: »C. Mylius' vermischte Schriften«, die von dessen Vetter Lessing gesammelt und 1756 herausgegeben wurden, und die »Lebensumstände Bürgers« (Göttingen 1798) von Ludwig Christopf Althof, dem Freund und letzten Arzt des Dichters. Bürger war 1794 in Göttingen gestorben. Als Titelkupfer enthält das Buch eine Nachbildung des Fiorillo-Porträts Bürgers.[68]

67 Graf Johannes Rizetti (gest. 1751), WA II.4, 85–89.
68 Nach Otto Deneke: Goethe in Göttingen (s. Literaturverz.).

Der Weg auf den Spuren Goethes in Göttingen führt aus der Nikolaistraße in die Turmstraße, welche die erstere kreuzt.

Turmstraße

Nach alten Stadtplänen befand sich damals die alte *Sternwarte* der Universität in der *Turmstraße.* Der Student Ludwig Wallis (1792–1836) schrieb in seinem Büchlein »Der Göttinger Student« um 1813:[69] »Bald wird außerhalb der Stadt ein neues Observatorium, ein wahres Prachtgebäude datstehen. Das jetzige ist auf einem Thurme der inneren Stadtmauer an einem sehr schmutzigen Theile der Stadt angebracht.«

Goethe besichtigte diese alte Sternwarte mit dem damaligen Professor für Astronomie Karl Felix von Seyffer (1762–1822), der später in Landshut und als Direktor der Sternwarte in Bogenhausen wirkte, am Mittwoch, den 12. August 1801: *Um 8 Uhr auf der Sternwarte mit Prof. Seyffer.* In den Tag- und Jahresheften schrieb er: *Auch Professor Seyffer zeigte mir die Instrumente der Sternwarte mit Gefälligkeit umständlich vor.*

Aus Pütters »Versuch einer academischen Gelehrten-Geschichte von der Georg-August-Universität zu Göttingen«, die auch Goethe selbst studiert hat, erfahren wir über dies frühe astronomische Oberservatorium folgendes:

»Zum Grunde des Oberservatorii hat man einen von den runden Thürmen in der Stadtmauer gewehlt welche vor diesem zur Vertheidigung dienten. Man hat darauf einen Saal erbauet, wo die Werkzeuge zum Observiren befindllich sind, und auch selbst observirt werden kann. Will man etwas dergleichen unter freyem Himmel verrichten, so lassen sich die Werkzeuge gleich aus dem Saale auf einen Gang schaffen, der ihn ringsherum umgiebt. Ueber dem Saale befindet sich noch ein Boden unter dem Dache, wo ein Fenster gegen Mittag noch eine weitere Aussicht giebt. Unter dem

69 Neudruck Vandenhoeck & Ruprecht, Göttingen 1995.

Die erste Sternwarte der Universität in der Turmstraße
(Stich von 1773, verfertigt von J.D. Kaltenhofen)

Saale ist ein Stübchen angebracht, welches zur Bequemlichkeit des Beobachters dienen könnte, wenn er die Zeit einer himmlischen Begebenheit abwarten muß. Zu einer ordentlichen Wohnung war der Platz nicht zulänglich.«

1803 (Fertigstellung 1816) begann man südöstlich der Stadtumwallung mit dem Bau der bis heute benutzten Sternwarte (Geismarlandstr. 11), in der u. a. der berühmte Gauß wirkte.

Die erste Sternwarte der Universität war 1751 auf einem alten Stadtturm eingerichtet worden – zwischen dem Stadtgraben und der Budenstraße Klein-Paris, heute Turmstraße. Dahinter befand sich der Apothekengarten. Die Sternwarte wurde 1821/22 abgebrochen, der Turm im Jahre 1897 (s. auch in M. Küssner). Reste der Stadtmauer sind noch heute erhalten.

Die Turmstraße mündet im Osten in die Kurze Straße.

Kurze Straße

Hier im Haus *Nr. 5* lernte Goethe am 9. Juni 1801 in großer Gesellschaft bei dem evangelischen Theologen Johann Gottfried Eichhorn (1752–1827), der 1788 aus Jena als Professor für orientalische Sprachen und Bibelexegese gekommen war, eine Reihe der Göttinger Professoren kennen: *Abends bey Eichhorn in großer Gesellschaft.*

Hofrath Meister, [Georg Jakob Friedrich M. (1755–1832), 1778 Priv. Doz., 1782 ao., 1784 o. Prof. der Rechtswissenschaften]

Martens, [Georg Friedrich von M. (1756–1821), von 1784 bis 1802 o. Prof. der Rechtswissenschaften, speziell des Natur- und Völkerrechts, wurde Hannoverscher Bundestagsabgeordneter in Frankfurt am Main]

Meiners, [Christoph M. (1747–1810), 1772 ao., 1775 o. Prof. für Philosophie, speziell Kunstgeschichte]

Beckmann, [Johann B. (1739–1811), geboren in Hoya an der Weser, studierte in Göttingen zunächst Theologie, dann Naturwissenschaften und wurde zunächst Lehrer am St. Peter-Gymnasium in St. Petersburg, 1766 in Göttingen zum ao. Prof. für Philosophie ernannt, begründete er die wissenschaftliche Technologie und wurde 1770 o. Prof. für Ökonomie; er prägte den Begriff »Warenkunde« – er wohnte in der Pauliner Straße 4]

Gmelin, [Johann Friedrich G. (1748–1804), seit 1775 als Prof. der Medizin und der Philosophie in Göttingen, lehrte vor allem Chemie – s. Hospitalstraße Nr. 10]

Runde, [Justus Friedrich R. (1741–1807), Rechtswissenschaftler – s. Goetheallee Nr. 3]

Ammon, [Christoph Friedrich A. (1766–1850), Theologe, als Professor 1794–1804 in Göttingen, dann in Erlangen]

Bouterwek, [Friedrich Ludewig B. (1766–1828), Philosoph, Literaturhistoriker und Schriftsteller, Professor der Beredsamkeit in Göttingen ab 1796, 1802 o. Prof.]

Grellmann [Heinrich Moritz Gottlieb (1756–1804), Professor für Philosophie und Statistik seit 1787. Er besuchte Goethe bereits vor der abendlichen Gesellschaft. Beide kamen nochmals am 22. Mai 1802 in Bad Lauchstädt zusammen.]

Wie Goethe in seinem Tagebuch vermerkte, besuchte er am Mittwoch, den 10. Juni, einige der Professoren auch in ihren Wohnungen: *Früh verschiedne Besuche an die Herren, welche ich gestern kennen gelernt.*

Von der Kurzen Straße aus gelangen wir in die Hospitalstraße, wo wir uns nach links wenden.

Hospitalstraße

In der *Hospitalstraße 10* wurde von Johann Friedrich Gmelin (s. o.) 1783 ein Chemisches Laboratorium eingerichtet. Von 1784 bis zu seinem Tode wohnte hier auch der aus Tübingen stammende Chemiker. Er hatte zunächst Medizin studiert und wurde nach einer damals üblichen Studienreise durch Holland, England und Österreich zunächst ao. Prof. für Medizin in Tübingen. 1775 erfolgte seine Berufung nach Göttingen – als ao. Prof. für Medizin und o. Prof. für Philosophie. 1778 war er o. Prof. für Medizin und lehrte Chemie, Botanik und Mineralogie. Goethe benutzte für seine Geschichte der Farbenlehre u. a. Gmelins dreibändiges Werk zur »Geschichte der Chemie« (1797–1799) und traf ihn mehrmals in Gesellschaft anderer Professoren während seines zweimaligen Aufenthaltes in Göttingen im Sommer 1801. Wahrscheinlich hat er ihn auch in seiner Wohnung aufgesucht.

Kurze Geismarstraße

Nur wenige Schritte von diesem historischen Gebäude entfernt, in der *Kurzen Geismarstraße 40,* befindet sich das ehemalige *Accouchierhaus.* Dieses berühmte Entbindungshaus wurde 1785 nach einem Entwurf des Universitätsbaumeisters G. H. Borheck (1751–1834) begonnen und 1791 bezogen. Die Wohnung des Direktors befand sich im obersten Geschoß. Goethe hat dieses Gebäude besonders beeindruckt:

Und wie denn jeder Ort den fremden Ankömmling zerstreuend hin- und herzieht und unsere Fähigkeit, das Interesse mit den Gegenständen schnell zu wechseln, von Augenblick zu Augenblick in Anspruch nimmt, so wußte ich die Bemühung des Professors Osiander zu schätzen, der mir die wichtige Anstalt des neu = und sonderbar erbauten Accouchirhauses, so wie die Behandlung des Geschäftes erklärend zeigte.[70]

Der Frauenarzt Friedrich Benjamin Osiander (1759–1822) war 1779 bis 1791 praktischer Arzt und Geburtshelfer in Kirchheim (Württemberg) gewesen und wurde 1792 als o. Professor der Medizin nach Göttingen berufen. »Vom Jahre 1791 bis 1896 diente dies architektonisch eigenartige, überaus luftige Haus mit seiner kunstvollen, berühmt gewordenen zentralen Treppenführung der Geburtshilfe und der neu erblühenden Frauenheilkunde weiteren Umfangs.«[71]

In Goethes Reiseakten (Goethe- und Schiller-Archiv der Stiftung Weimarer Klassik) befinden sich die »Haußgesetze für die ins Königliche Entbindungshospital zu Göttingen

70 WA I.35, 98.
71 G. B. Gruber – s. Literaturverz.

Bürgers Denkmal in Ulrichs Garten, vor 1807, Kupferstich von Heinrich Grape

aufgenommene Frauenspersonen« als Blatt Nr. 17. Blatt 18 enthält Abbildungen eines Entbindungszimmers und von »Osianders Geburtsstuhl«.

Wall – Park Albani-Friedhof

Am *Geismartor* betreten wir die Rest der Wallanlagen und gelangen auf diesem Weg in den heutigen Cheltenham-Park, den früheren Stadtpark, in dem sich zur Zeit Goethes *Ulrichs Garten* befand. Im »Göttinger Student« von Ludwig Wallis aus dem Jahre 1813 lesen wir:

»11. Bettmanns Garten.

Gewöhnlicher nennt man ihn noch von einem früheren Besitzer Ulrichs Garten oder blos den Ulrich. Er liegt ganz nahe vor dem Albaner-Thor, und ist aus mehreren Gründen der beliebteste Lustgarten und Spazier-Ort der Bürger und Studenten. Das Wirthschaftsgebäude enthält drey ziemlich große Säle, und mehrere Stuben; der Garten ist verzüglich zum Vergnügen eingerichtet – mit grünen Hecken, lebendigen Lauben, einem sehr hübschen Bosquet, anmuthigen Rasenplätzen, zwey Kegelbahnen, und unzähligen zerstreuten Sitzen. Fast den ganzen Sommer hindurch ergötzt eine Prager Musikanten-Truppe die Besuchenden mit einer schönen Musik. Man kann alle Weine und fremde Biere bekommen, und ein gutes Abend-Essen nach eigener Auswahl. – In der Mitte des Gartens steht ein dem verewigten Bürger geweihetes Denkmal, an dem die Zeit leider schon sehr ihr Recht ausgeübt hat.«

Goethe schrieb über *Ulrichs Garten* auch ein Gedicht:[72]

64.
In ein Stammbuch.
Zum Bildchen von Ulrichs Garten.

–––

Daß zu Ulrichs Gartenräumen
Soll ein Verslein mir erträumen,

72 WA I.4, 52.

Ist ein wunderbarer Streich;
Denn es war von süßen Träumen
In den ländlich engen Räumen
Mir ein Frühling hold und reich.
Sollt' es euch zu Lust und Frommen
Auch einmal zu Gute kommen,
Freut euch in dem engsten Raum.
Was beglückt es ist kein Traum.

Bürgers Monument befindet sich seit 1895 (davor auch in der Nähe des Bahnhofs) auf dem St. Bartholomäus-Friedhof an der Weender Landstraße, den wir zum Abschluß unseres Goethe-Rundganges noch besuchen werden. Goethe hat dieses Monument in seinem Tagebuch im Zusammenhang mit Ulrichs Garten ebenfalls erwähnt: 6. Juni 1801 *In Ulrichs Garten Bürgers Monument* . . .

Im Park *Albani Friedhof* befindet sich der Grabstein des Chemikers Johann Friedrich GMELIN, den Goethe persönlich kennengelernt hatte (s. *Hospitalstraße*), und auch die Grabstätten weiterer Professoren, mit denen Goethe persönlichen Kontakt hatte: Johann Gottfried EICHHORN, Friedrich OSIANDER und Johann Friedrich BLUMENBACH. Der Albani-Friedhof wurde 1783 gemeinsam von der Albani- und von der Nikolai-Gemeinde im Bereich der früheren Festungsanlage angelegt. Bis zur Eröffnung des Stadtfriedhofs 1881 – 98 Jahre lang – war er Göttingens wichtigster Friedhof. Etwa 6500 Menschen wurden hier bestattet, darunter 41 Professoren, unter ihnen C. F. Gauß.

Theaterstraße

An der Stadthalle vorbei erreichen wir über den Theaterplatz die Theaterstraße. Hier fand im Haus *Nr. 5* (Gedenktafel am Haus Nr. 7) bei dem Chirurgen August Gottlob RICHTER (1742–1812) eine weitere Abendgesellschaft mit Goethe statt. Richter, aus Zörbig, Kreis Bitterfeld, stammend, hatte in Göttingen Medizin studiert und promovierte zum Dr. med. 1764. Nach Studienreisen durch Frankreich,

England und die Niederlande wurde er 1766 ao. und 1771 o. Prof. der Medizin und Chirurgie. Er richtete die erste Chirurgische Klinik ein und gilt, auch durch sein siebenbändiges Werk »Anfangsgründe der Wundarzneykunde« (Göttingen 1782 bis 1804), als Begründer der Chirurgie in Deutschland. Richter hatte das Haus in der damaligen Kupferstraße 10 im Jahre 1772 erworben.

Am 24. Juli 1801 war Goethe bei ihm zu Besuch: *Abends bey Richter in Gesellschaft von Hensler von Kiel* [Philipp Gabriel H., geb. 1733, Medizinprofessor], *Hugo* [Gustav H., Rechtsgelehrter, s. u.: Jüdenstraße 21], *Hoppenstedt* [Karl Wilhelm H. (1769–1821), Priv.-Doz. für Rechtswissenschaft seit 1796, ab 1803 Generalsekretär des Ministeriums in Hannover], *Sartorius* [Georg Friedrich Christoph S., Freiherr von Waltershausen (1765–1828), Priv.-Doz. für Geschichte 1792, 1797 ao., 1802 o. Prof. der Philosophie und Politik, mit dem Goethe zahlreiche Kontakte hatte. Goethe studierte dessen Werk, u. a. »Geschichte des Hanseatischen Bundes«. In Goethes Werken sind zahlreiche Sendungen an Sartorius verzeichnet. Sartorius besuchte Goethe auch in Weimar und Jena.], *Leist* [Justus Christoph L. (1770–1858), 1795 ao., 1802–1808 o. Prof. der Rechtswissenschaft, danach Diplomat, zuletzt am Oberappellationsgericht in Celle].

Über Sartorius äußerte sich Goethe auch in seinen Tag- und Jahresheften:[73] ... *Mehrere bedeutende Fremde, deren man auf frequentirten Universitäten immer als Gäste zu finden pflegt, lernt' ich daselbst kennen, und mit jedem Tag vermehrte sich der Reichthum meines Gewinnes über alles Erwarten. Und so hab' ich denn auch der freundlichen Theilnahme des Professor Sartorius zu gedenken, der in allem und jedem Bedürfen, dergleichen man an fremden Orten mehr oder weniger ausgesetzt ist, mit Rath und That fortwährend zur Hand ging, um durch ununterbrochene Geselligkeit die sämmtlichen Ereignisse meines dortigen Aufenthaltes zu einem nützlichen und erfreulichen Ganzen zu verflechten.*

Mit dem Mediziner Richter traf Goethe auch in Pyrmont wieder zusammen. Dieser begleitete den an einem Augenleiden erkrankten Fürsten Sanguszko, den Goethe wieder-

73 WA I.35, 109.

um auf der Reitbahn (s. u.) kennengelernt hatte:[74] *Hofrath Richter aus Göttingen, in Begleitung des augenkranken Fürsten Sanguszko, zeigte sich immer in den liebenswürdigsten Eigenheiten, heiter auf trockne Weise, neckisch und neckend, bald ironisch und paradox, bald gründlich und offen.*

Am Abend des 5. August trafen sich Goethe und einige der ihm nun schon bekannten Profesoren wieder im Hause Richter: *Abends bey Richters, theils im Garten, wo Mad[ame] Dietrich* [wohl die Witwe des Göttinger Buchhändlers Johann Christian Dieterich] *war, theils zum Nachtesen zu Hause mit Professor Hoffmann.*[75]

Von der Theaterstraße aus erreichen wir als Querstraße die Jüdenstraße.

Jüdenstraße

In der *Jüdenstraße* im Haus Nr. 21 (Gedenktafel) wohnte der Rechtsgelehrte Gustav HUGO (1764–1844), mit dessen Werk »Naturrecht der Philosophie des positiven Rechts« sich Goethe beschäftigte (Tagebucheintragung vom 20. Juli 1801).

Hugo wurde in Lörrach geboren und studierte Rechtswissenschaft in Göttingen vor allem bei Pütter. Er promovierte jedoch 1788 an der Universität Halle, nachdem er seit 1786 als Lehrer des Erbprinzen in Dessau weilte. 1788 wurde er zunächst ao., 1792 o. Prof. für Rechtswissenschaft in Göttingen.

Goethe hatte auch nach seinem Aufenthalt in Göttingen weiterhin persönlichen Kontakt zu dem Rechtsgelehrten: Vom 23. bis 25. Mai 1809 besuchte Prof. Hugo Goethe in Jena, wo er sich mit ihm auch im Botanischen Garten aufhielt. Am 2. Mai 1819 kam Hugo nach Weimar. Auch als am 25. November 1824 eine Gruppe Göttinger Professoren zu Goethe nach Weimar reiste, war Hugo unter ihnen.

In Hugos Haus, wo Goethe mehrmals zu Besuch war, trafen sich u. a. am 29. Juli auch weitere Professoren mit Goe-

74 WA I.35, 99.
75 Zitiert nach R. Steiger – s. Literaturverz.

the: *Abends bey Prof. Hugo zu Tische mit Heyne, Meiners und Frau* [s. o., Kurze Straße 5 – bei Eichhorn], *Planck* [s. o.: Johannisstraße 29], *Reuß* [s. Kap. 4: Bibliothek] *und Frau, Sartorius.*

Wir wählen nun den Weg durch den Ritterplan und die Obere Karspüle, um in der Unteren Karspüle den alten Botanischen Garten zu erreichen, wo Goethe mehrmals zu Gast war.

Untere Karspüle – Botanischer Garten

Sehr oft besucht' ich Professor Hoffmann und ward den Kryptogamen, die für mich immer eine unzugängliche Provinz gewesen, näher bekannt. Ich sah bei ihm mit Bewunderung die Erzeugnisse colossaler Farrenkräuter, die das sonst nur durch Mikroskope Sichtbare dem gewöhnlichen Tagesblick entgegenführten.[76]

Georg Franz Hoffmann (1760–1826) war von 1792 bis 1804 Professor für Medizin und Botanik in Göttingen und wirkte danach als Hofrat in Moskau.

Am 8. Juni 1801 vermerkte Goethe in seinem Tagebuch:[77] *Früh mit Hrn. Prof. Sartorius im botanischen Garten, fand Hrn. Prof. Hermann* [gemeint ist: Hoffmann]*, einen wohl unterrichteten und angenehmen Mann. Schöne Anlage des Gartens, alte und neue, letztere besonders zu Wasserpflanzen, Pflanzen der Botanybai.*

Über die *Botanybai* erfahren wir im Brockhaus des Jahres 1837 (Bilder-Conversations-Lexikon für das deutsche Volk. Ein Handbuch zur Verbreitung gemeinnütziger Kenntnisse und zur Unterhaltung) folgende Einzelheiten:

»Botanybai, eine vom Weltumsegler James Cook an der Ostküste von Australien (...) 1770 entdeckte Bai, in welche der Cook- und St.-Georgsfluß münden und wo 1788 die erste engl. Niederlassung in diesem Welttheile zur Aufnahme von Sträflingen gegründet wurde ...«

Am 20. Juli besuchte Goethe den Botaniker: *Abends bey Prof. Hoffmann die Flechten durchgesehen.*

76 WA I.35, 108.
77 WA III.3, 17 ff.

Auch eine Woche später trafen sich die beiden nach Goethes ganztägigem Aufenthalt in der Bibliothek: *Abends Prof. Hofmann.* Ecalyptrata. (Hepaticae) [Hepatica – Leberblümchen] *Mit demselben spazieren.*

In den *Notanda Nach der Rückkunft in Göttingen* finden wir weiterhin folgende Notizen zu Hoffmann: *Hoffmanns Kryptogamie* und *Prof. Hofmann. Palmenentwicklung.*[78] Mit *Hoffmanns Kryptogamie* ist dessen Werk »Plantae lychenosae« gemeint.

Die Geschichte dieses Botanischen Gartens beginnt bereits vor der offiziellen Eröffnung der Universität Göttingen (1737). 1736 wurde auf einem Grundstück zwischen Karspüle und dem Stadtwall ein »Hortus medicus« angelegt. Der erste Direktor dieses Heilpflanzengartens war Albrecht von Haller (1708–1777), der von 1736 bis 1753 in Göttingen und später in Bern, seiner Geburtsstadt, wirkte. In Göttingen vertrat er nicht nur die Botanik – diese war bis in die Mitte des 19. Jahrhunderts ein Fach der medizinischen Fakultät –, sondern auch Anatomie, Chirurgie und Medizingeschichte. Aufgrund einer sehr ausgedehnten Korrespondenz konnte Haller schon in den Anfängen Gewächse, die ihm für medizinische Zwecke geeignet erschienen, aus allen Erdteilen nach Göttingen holen. Als offizielles Datum der Eröffnung des Botanischen Gartens wird in der Geschichte der Universität Göttingen der 8. Mai 1738 verzeichnet, als Albrecht von Haller den Schlüssel zum Garten und zu dem darin erbauten Theatrum anatomicum erhielt. An der Südseite des Stadtwalles entstand 1738 ein kleines Gewächshaus, dort wo sich heute der gesamte Gewächshauskomplex befindet. 1792 wurde der Botanische Garten durch größere Ländereien auf der Außenseite des Walles, der heute mit Untertunnelungen mitten durch den Garten verläuft, im Bereich des Stadtgrabens und der ehemaligen Stadtbefestigungen erweitert. Goethe berichtete daher auch über die *alte und neue Anlage.* Der Gewächshauskomplex des Hallerschen Gartens entstand erst nach Goethes Besuch von 1803 bis

78 WA III.3, 428.

1809 – zunächst überwiegend für Pflanzen der Tropen und Subtropen in Holzbauweise.[79]

Im Zusammenhang mit seinen Besuchen im Botanischen Garten erlebte Goethe auch ein Regenunwetter am Abend des 30. Juli – *Diesen Abend war ein schrecklicher Regenguß.* – und am 31. Juli: *Der tiefere Botanische Garten war durchs Wasser überschwemmt worden.* –, worüber er in seinen Tag- und Jahresheften nochmals schreibt:[80]

Ein gewaltsamer Regenguß überschwemmte den untern Garten, und einige Straßen von Göttingen standen unter Wasser. Hieraus erwuchs uns eine sonderbare Verlegenheit. Zu einem herrlichen, bei Hofrath Martens angestellten Gastmahl sollten wir uns in Portechaisen[81] *hinbringen lassen. Ich kam glücklich durch, allein der Freund, mit meinem Sohne zugleich eingeschachtelt, ward den Trägern zu schwer, sie setzten wie bei trocknem Pflaster den Kasten nieder, und die geputzten Insitzenden waren nicht wenig verwundert, den Strom zu ihnen hereindringen zu fühlen.*

Ludwig Wallis schrieb in »Der Göttinger Student« über den Botanischen Garten 1813:

»Schöner und reichhaltiger ließe er sich für Göttingen wohl nicht wünschen! Nirgend vermißt das Auge Nettigkeit und Ordnung, und selten bleibt das Verlangen nach einem irgend gangbaren Gewächse unbefriedigt. Dem Besuchenden ist diese schöne Anstalt jeden Tag, außer den Sonn- und Festtagen, 2 Stunden offen; natürlich ist aber das eigenmächtige Abpflücken verboten. Das Gewächshaus ist keine unbedeutende Zierde für den vorderen Garten; denn der hintere und größere Theil befindet sich jenseits des Walles. Hier findet sich am östlichen Ende ausschließlich die Botanik der Sumpf und Wassergewächse; hingegen im vorderen Theile am östlichen Ende die zur Forstwissenschaft gehörende Botanik.«

79 Nach G. Schwedt: Botanische Gärten. Vom Hortus medicus zum Botanischen Garten der Universität Göttingen, Deutsche Apotheker-Zeitung, 128. Jg. (1988), Nr. 40, 2060–2062.

80 WA I.35, 108.

81 Sänften.

Weender Straße

Wir verlassen den Botanischen Garten am Ausgang Untere Karspüle und gelangen an der Reformierten Kirche aus der Zeit Hallers vorbei auf die *Weender Straße*: Bei seinem ersten Besuch auf der Hinreise nach Pyrmont wohnte Goethe im *Gasthof Krone* in der Weender Straße.

In Göttingen bei der Krone[82] *eingekehrt bemerkt' ich, als eben die Dämmerung einbrach, einige Bewegung auf der Straße; Studirende kamen und gingen, verloren sich in Seitengäßchen und traten in bewegten Massen wieder vor. Endlich erscholl auf einmal ein freudiges Lebehoch! aber auch im Augenblick war alles verschwunden. Ich vernahm, daß dergleichen Beifallsbezeugungen verpönt seien, und es freute mich um so mehr, daß man es gewagt hatte mich nur im Vorbeigehen aus dem Stegreife zu begrüßen.*[83]

Unter den Studenten befand sich auch der Student und Dichter Achim von Arnim.

Im Haus Weender Str. 77 wohnte damals auch Friedrich Bouterwek (1766–1828), den Goethe im Hause Richter (s. o.: Theaterstraße) traf. In Oker bei Goslar geboren, studierte er in Göttingen ab 1784 Jura und Philologie, wurde 1791 Privatdozent und war von 1797 ao., ab 1802 o. Prof. der Philosophie. An der ehemalgen Gaststätte »Akademisches Viertel«, Ecke Reitstallstraße, wurde eine Gedenktafel am Neubau angebracht. Goethe kannte seine Literaturgeschichte »Geschichte der Poesie und Beredsamkeit seit dem Ende des 13. Jahrhunderts«. Goethe erhielt sie im Sommer 1807, als er zur Kur in Karlsbad weilte.

Reitstallstraße

Neben dem Kaufhaus Carré mündet die *Reitstallstraße*, in der sich die von Goethe mehrmals besuchte akademische Reitbahn befand. So lautete am 8. Juni die Eintragung im

82 Heute Gebäude der Stadtsparkasse in der Weender Straße/gegenüber der Barfüßer Straße.

83 WA I.35, 95.

Tagebuch:[84] *Auf der Reitbahn mit Stallmeister Ayrer gesprochen, dessen Stall besehen, er hält 36 Pferde. Hannöversche sogenannte weißgebohrne Pferde. Sie werden zu Ehre des hannöverschen Wappens fortgepflanzt. Fürst Sanguszko hat ein Par Kutschpferde dieser Art für 1000 rthlr. gekauft. Sie sollen besonders gelehrig seyn, und werden mit großer Delikatesse behandelt.*

Und weiter schrieb er in den Tag- und Jahresheften über diesen Besuch ausführlicher:[85] *Ein junger Kestner und von Arnim, früher bekannt und verwandten Sinnes, suchten mich auf und begleiteten mich zur Reitbahn, wo ich den berühmten Stallmeister Ayrer in seinem Wirkungskreise begrüßte. Eine wohlbestellte Reitbahn hat immer etwas Imposantes; das Pferd steht als Thier sehr hoch, doch seine bedeutende weitreichende Intelligenz wird auf eine wundersame Weise durch gebundene Extremitäten beschränkt. Ein geschöpf, das bei so bedeutenden, ja großen Eigenschaften sich nur im Treten, Laufen, Rennen zu äußern vermag, ist ein seltsamer Gegenstand für die Betrachtung, ja man überzeugt sich beinahe, daß es nur zum Organ des Menschen geschaffen ist, um gesellt zu höherem Sinne und Zwecke das Kräftigste wie das Anmuthigste bis zum Unmöglichen auszurichten.*

Warum denn auch eine Reitbahn so wohlthätig auf den Verständigen wirkt, ist daß man hier, vielleicht einzig in der Welt, die zweckmäßige Beschränkung der That, die Verbannung aller Willkür, ja des Zufalls mit Augen schaut und mit dem Geiste begreift. Mensch und Thier verschmelzen hier dergestalt in Eins, daß man nicht zu sagen wüßte, wer denn eigentlich den andern erzieht. Dergleichen Betrachtungen wurden bis auf's höchste gesteigert, als man zwei Paare sogenannter Weißgeborner Pferde zu sehen bekam, welche Fürst Sanguszko in Hannover für eine bedeutende Summe gekauft hatte.

Mit der »junge Kestner« meinte Goethe den 5. Sohn des Hofrates Johann Georg Kestner in Hannover und dessen Ehefrau Charlotte geb. Buff aus Wetzlar, Theodor Friedrich Arnold Kestner (1779–1847), der in Göttingen Medizin und Chemie studierte, dort Privatdozent wurde und 1812 als

84 WA III.3, 19.
85 WA I.35, 96–97.

Professor an die medizinisch-chirurgische Lehranstalt in Frankfurt am Main berufen wurde.

Unmittelbar nach der Gründung der Universität wurde die Reitbahn erbaut, um auch Söhne von Adeligen als Studenten gewinnen zu können. »Man rechnete auf die bildungsfähige Jugend des Adels und bot ihr neben der *Arena wissenschaftlicher Lehre* auch jene ›*Exercitien*‹ an, die Umgang und Gepflogenheiten eines gebildeten *Adelsstandes* ›von *Noblesse und Gentry*[86]‹ verlangten. So kam es, daß schon 1734, also ein Jahr nach Erlaß des kaiserlichen Privilegs, für die zu gründende Göttinger Universität (21.2.1733) zwei einschlägige Anstalten erstanden, nämlich erstens *ein mit Stallungen und Sprunggarten versehenes Reithaus*, das noch heute [d. h. 1955] sportlichen Zwecken dient, und ein *Kollegienhaus*.«[87]

Trotz heftiger Proteste wurde 1968 mit dem Abriß der Reitstallanlage begonnen. Das Portal konnte man retten; es wurde zerlegt und 1974 im neuen geisteswissenschaftlichen Zentrum wieder aufgebaut. Um dieses aufzusuchen, führt uns der Weg von der Weender Straße am Auditorium Weender Landstraße 2 aus dem Jahre 1865 vorbei über die Straßenkreuzung zum *Portal des ehemaligen Reitstalles* gegenüber dem Bartholomäi-Friedhof, den wir abschließend besuchen werden.

Johann Friedrich Ayrer (1732–1817) war Universitäts-Reitlehrer und -Stallmeister sowie o. Professor der philosophischen Fakultät. Die Familiengrabstätte befindet sich auf dem Bartholomäi-Friedhof an der Weender Landstraße (s. u.).

Auditorium

Am Auditorium, einem sogenannten Werksteinbau im Rundbogenstil, befinden sich zwischen den großen Fenstern der drei Gebäudevorsprünge Kopfplastiken bedeutender Professoren, u. a.:

86 Gentry: niederer Adel in Großbritannien.
87 S. Gruber – Literaturverz.

- J. S. *Pütter* das erste am linken Seiten-Risalt ganz links,
- Ch. G. *Heyne* am linken Sandstein-Risalt neben dem von Pütter,
- G. *Hugo* am rechten Flügel neben Gauß,
- J. F. *Blumenbach* links neben Gauß.

Weender Landstraße

Das *Portal des ehemaligen Reitstallgebäudes* ist durch einen breiten Dreiecksgiebel geziert. Die Figuren, sie stellen königlich-kurfürstliche Insignien dar, sind vom britischen Löwen und dem niedersächsisch-hannöverschen Pferd flankiert. Auf einer Tafel darunter wird in lateinischer Sprache darüber berichtet, daß durch die Fürsorge König Georg II. die Universität ein Hippodrom, also eine Reitbahn, erhalten habe – und zwar im Jahre MDCCXXXV (1735).

Auf der gegenüberliegenden Seite der Weender Landstraße, durch die sich Goethe mehrmals zu Besuchen des Oberamtmannes WESTFELD in Weende begeben hat, betreten wir nun die Anlage des ehemaligen *Bartholomäi-Friedhof.* Auf dem Durchgangsweg rechts erreichen wir *Bürgers Monument*, über welches Goethe schrieb: *Merkwürdig daran ist der Strick, womit der Schleyer an den Kopf der Urne gebunden ist, er macht einen auffalenden Theil des Ganzen aus.*[88]

Auf diesem Weg kommen wir auch am Grabe *Lichtenbergs* und seiner Frau, zwei Kreuzen, die jedoch erst in der Mitte des 19. Jahrhunderts errichtet wurden, vorbei. Sehenswert sind weiterhin an der Westmauer zwei Gruftbauten: von 1755 mit dem Erbbegräbnis der Familie *Ayrer* und von 1766 das Erbbegräbnis der Mediziner-Familie *Richter.*

Bürgers Monument befindet sich an dieser Stelle seit 1895. Goethe hatte es noch an einer Stelle in Ulrichs Garten (Cheltenham-Park – Stadthalle) gesehen. In der Nähe des Denkmals befindet sich auch das Grab von Christoph Gottlob *Heyne*: »Auf der Rückseite der aufgerichteten Sandsteinplatte, an den Kanten mit Fackeln geschmückt, deren Flam-

88 WA III.3, 18_{6-8}.

men sich nähern, steht: Quem dederat cursum fortuna peregit / illa comite vixit: Den von Fortuna gewiesenen Weg hat er vollendet, von jener begleitet, hat er gelebt. Auf der Vorder- wie Rückseite finden sich auffällig viele rätselhafte Rillen. –«[89]

Die Anlage dieses Friedhofs ist eng mit der Geschichte der Universität verknüpft. Er wurde auf Veranlassung des Universitätskurators von Münchhausen 1747 auf dem Gelände des alten Bartholomäus-Spitals vor dem Weender Tor angelegt. Während des Zweiten Weltkrieges und nach dem Zusammenbruch und während der Besatzungszeit 1945 wurde der alte Friedhof stark zerstört. Auf Initiative des damaligen Stadtbaudirektors Grabenhorst erfolgte eine Wiederherstellung vor allem der Mauer und eine gärtnerische Umgestaltung. Saathoff schreibt in seinem Führer über Göttingens alte Friedhöfe 1954, daß hier auch die Friedhöfe der Johannis- und der Jacobigemeinde (bis 1891 genutzt)[90] gewesen sind:

»Wenn wir den Friedhof von der Weender Landstraße aus betreten, dann liegt links des Hauptwegs, der ihn von Ost nach West durchschneidet, der alte Jakobifriedhof, rechts der alte Johannisfriedhof. Nördlich von diesem, noch heute durch die Grenzsteine bezeichnet, liegt hinter den Häusern der Weender Landstraße der alte Marienfriedhof, dessen nördlicher Teil verkauft worden ist. Im Süden wird der Jakobifriedhof durch den alten Sültebekgraben abgeschlossen.«

Außer den genannten Gräbern bzw. Denkmalen von Goethe persönlich bekannten Professoren der Universität befinden sich hier auch die Gräber weiterer Bekannter Goethes (s. Kap. 2):

An der Ostseite steht das Sandsteindenkmal des Theologen Gottlieb Jacob *Planck*, der als einer der sogenannten »Sieben Schwaben« nach Göttingen berufen wurde. Das Grab seines Urenkels Max Planck befindet sich auf dem Stadtfriedhof.

89 A. Saathoff: Göttingens Friedhöfe, Göttingen 1954.
90 Matthias Gretzschel: Historische Friedhöfe, S. 43, München 1996.

Vom Bartholomäi-Friedhof führt der *Goethe-Rundgang* zurück zum Ausgangspunkt zum Bahnhofsvorplatz –, vom Weender Tor, gegenüber dem Auditorium, können wir abschließend nochmals auf den Spuren Goethes den historischen *Wallweg* benutzen.

Göttinger Wall

Auf den Wällen ist Goethe mit seinem Sohn und oft auch in Begleitung von Professoren spazierengegangen. Bei seinem zweiten Aufenthalt im Juli und August lesen wir in seinem Tagebuch zwei Tage nach der Rückkehr aus Pyrmont:

Juli: *Montag den 20ten ... Auf der Bibliothek erstes Aufsuchen der optischen Schriften. Vorher Promenade auf dem Wall ... Mittwoch d. 22 ten ... Um den Wall ...*

August: *Donnerstag am 6ten. Früh um den Wall. Überlegung dessen, was zunächst bevorsteht ... Sonnabend. Früh mit Prof. Bouterwek auf dem Walle spazieren.*

Ludwig Wallis schrieb auch über die »Spaziergänge zur Erholung für den Abend«:

»Von diesen kann natürlich nur im Sommer die Rede seyn. Wenn man bis zum Sonnen-Untergang gearbeitet hat, und dem Körper eine kleine Bewegung, dem Geiste eine Erholung geben will, so bietet sich zunächst als angenehmer Spaziergang an:

1. Wall.

Dieser macht Göttingens große Zier; er läuft rings um die Stadt, ist mit einer Linden-Allee besetzt und auf beyden Seiten mit einer Hainbuchen Hecke bepflanzt. Er ist so eben und fest, daß er fast bey jeder Witterung betreten werden kann; ganz vorzüglich trocken und angenehm ist das Viertel, welches vom Geismar- zum Groner-Thore führt. In einer halben Stunde kann man ihn umgehen.«

3. Goethe und die Göttinger Bibliothek

Man fühlt sich wie in der Gegenwart eines großen Kapitals, das geräuschlos unberechenbare Zinsen spendet.

Die Geschichte der Universitätsbibliothek beginnt bereits vor der Eröffnung der Universität. Bereits im September 1732 verfaßte der Nachfolger von Leibniz als Bibliothekar in Hannover, Daniel GRUBER, eine Denkschrift, und er schlug vor, eine Bibliothek im 2. Stock des zukünftigen Kollegiengebäudes unterzubringen. Am 18. Mai 1734, vier Monate vor der vorläufigen Universitätseröffnung am 29. September, wurde Johann Matthias GESNER (s. Kap. 1) zum ersten Leiter der Bibliothek bestellt. Stiftungen bzw. Überführungen aus anderen Bibliotheken wie der v. Bülow'schen Bibliothek in Hannover, der Bücherbestände aus dem Gymnasium in Göttingen, der Schenkung des Johann Friedrich Armand von UFFENBACH aus Frankfurt am Mai (Schenkungsurkunde von 1736, Überführung der Bücher jedoch erst 1770) bildeten den Grundstock der Bibliothek bis zur offiziellen Eröffnung der Universität im September 1737 (s. auch Kap. 1).

Im Juli 1740 begann der damalige Student der Medizin Georg MATTHIAE mit der Anlage eines alphabetischen Kataloges – zunächst auf 10 Bände festgelegt, wobei jedes 2. Blatt freigelassen wurde. Im Sommer 1743 erfolgte eine Umstellung der Bibliotheksbestände nach systematischer Ordnung, und 1744 begannen die Arbeiten am Realkatalog (= systematischen Katalog).

Nach dem Tod Gesners übernahm David MICHAELIS 1760 die Interimsgeschäfte, 1764 wurde dann Christian Gottlieb *Heyne* aus Dresden als Bibliothekar nach Göttingen berufen. Der Bestand der Bibliothek hatte sich bis zur Ankunft Goethes im Jahre 1801 auf etwa 150 000 Bände erhöht.

Zur Bedeutung dieser Bibliothek, die Goethe stets als Vorbild einer solchen Einrichtung vor Augen hatte, werden im folgenden einige Ausschnitte aus veröffentlichten Beiträgen zu deren Geschichte zitiert.[91]

Zum 200. Jahrestag der Universität – 1937, Carl Krüger im Göttinger Tageblatt vom 25.6.1937 (Sonderbeilage):

»Unter all den zahlreichen, berühmten Universitätsinstituten nimmt die Bibliothek von jeher den ersten Platz ein. Sie ist das Prunkstück und der kostbarste Edelstein der Universität. In den Wirren der Kriege war sie oft der Talisman der Stadt und Universität, der sie vor der Feindesgewalt schützte. Im Siebenjährigen Kriege [1756–1763] betonten französische Generale ausdrücklich, auch der roheste Feind könne nicht eine Stadt beschießen oder in Brand stecken, die einen solchen Schatz verwahre.

›Ohne eine große Bibliothek ist die Universität einer Garnison gleich ohne Zeughaus‹, heißt es in einer Denkschrift an *Münchhausen*, den Universitätskurator, und er sah auch selbst ein, welchen Einfluß eine Bibliothek auf das ganze Wesen einer Universität haben mußte. Bis an sein Lebensende konnte sich die Bibliothek seines größten Wohlwollens erfreuen ...

Von Anfang an hatten Münchhausen und Gesner die Richtung und das Ziel dahin gewiesen, daß die Bibliothek *kein Museum* und *kein Raritätenkabinett* sei, und die Bücher nicht dazu da sein sollten, konserviert zu werden, sondern nur die ›Kernwerke‹ der Autoren, die wissenschaftlich bedeutsame Literatur – diese aber auch vollständig – angekauft und dem freien und unbeschränkten Gebrauch in weiten Kreisen zugänglich gemacht werden sollten ...

Sie sollte aber auch in jeder anderen Beziehung die *modernste Europas* sein. So zeichnete sie sich durch eine freie und unbeschwerte Benutzung aus, wie man sie sonst selten irgendwo antraf. Die Liberalität in der Bücherausleihe war geradzu sprichwörtlich. Nicht nur die Professoren, sondern auch die Studenten konnten sich die Bücher entleihen. Die-

91 G. Schwedt: Zur Geschichte der Göttinger Universitätsbibliothek. Zeitgenössische Berichte aus drei Jahrhunderten, Göttingen 1983.

Saal der Göttinger Universitäts-Bibliothek um 1750 (Kupferstich von G.D. Heumann)

se durften mit in die Wohnung genommen werden und wurden sogar nach auswärts verliehen. Zunächst zweimal in der Woche, später jeden Tag von 1 bis 2 und Mittwoch und Sonnabend von 2 bis 5 war die Bibliothek jedermann zugänglich. Den Professoren und Fremden wurde der Zugang auch an den übrigen Tagen gestattet.

Ein *mustergültiger Katalog*, das ›wache Gewissen einer jeden Bibliothek‹, wie Heyne einmal sagte, erschloß die wertvollen Bücherschätze erst richtig ...

Gesners Nachfolger wurde *Christian Gottlob Heyne*. Seine Amtszeit von 1763 bis 1812 stellt die Ruhmesperiode der Bibliothek dar. Damals war ihr Name in aller Mund. Sie überflügelte in dieser Zeit alle anderen, selbst die großen englischen. Bei seinem Tode zählte sie *250 000 Bände*. Der eine Bibliothekssaal war längst zu klein geworden. Schon 1764 mußte das ganze obere Geschoß des Kollegiengebäudes für Bibliothekszwecke zur Verfügung gestellt werden. 10 Jahre später wurde das Untergeschoß hinzugenommen ...«

Für Goethe stellte die Göttinger Bibliothek eine wahre Fundgrube für seine historischen Studien zur Farbenlehre dar. Er hat sich während der beiden Aufenthalte im Sommer 1801 daher trotz aller gesellschaftlichen Kontakte meistens in der Bibliothek selbst aufgehalten. Er schreibt dazu in seinen Tag- und Jahres-Heften:

Mein eigentlicher Zweck bei einem längern Aufenthalt daselbst war, die Lücken des historischen Theils der Farbenlehre, deren sich manche fühlbar machten, abschließend auszufüllen. Ich hatte ein Verzeichniß aller Bücher und Schriften mitgebracht, deren ich bisher nicht habhaft werden können; ich übergab solches dem Herrn Professor Reuß und erfuhr von ihm so wie von allen übrigen Angestellten die entschiedenste Beihülfe. Nicht allein ward mir was ich aufgezeichnet hatte vorgelegt, sondern auch gar manches, das mir unbekannt geblieben war, nachgewiesen. Einen großen Theil des Tags vergönnte man mir auf der Bibliothek zuzubringen, viele Werke wurden mir nach Hause gegeben, und so verbracht' ich meine Zeit mit dem größten Nutzen.

Die Gelehrtengeschichte von Göttingen, nach Pütter, studirte ich nun am Orte selbst mit größter Aufmerksamkeit und eigentlichster Theilnahme, ja ich ging die Lections-Katalogen vom Ursprung der

Akademie sorgfältig durch, woraus man denn die Geschichte der Wissenschaften neuerer Zeit gar wohl abnehmen konnte. Sodann beachtete ich vorzüglich die sämmtlichen physikalischen Compendien, nach welchen gelesen worden, in den nach und nach auf einander folgenden Ausgaben, und in solchen besonders das Capitel von Licht und Farben.[92]

Um dem heutigen Benutzer der Bibliothek im modernen Gebäude am Platz der Göttingen Sieben, der vielleicht nicht einmal mehr das historische Gebäude in der Prinzenstraße mit dem Katalogsaal in der Paulinerkirche kennengelernt hat, einen Einblick in die von Goethe besuchten Räumlichkeiten zu vermitteln, sei hier ein Ausschnitt aus dem von Goethe intensiv gelesenen Werk des Göttinger Professors Pütter (1788) zitiert:

»V. Von den Universitäts-Gebäuden, der öffentlichen Bibliothek und anderen gelehrten Anstalten und Gesellschaften zu Göttingen.

§ 158. Gegenwärtig bestehet also die Bibliothek aus einem *obern* rund herum gehenden und in dem neuen Flügel fortlaufenden, also mit diesem aus fünf großen Sälen bestehenden Saale und aus einem *untern*, der gleichfalls eigentlich zwey Säle ausmacht. Das ganze Gebäude aber ist auf folgende Weise vertheilet:

Kömmt man durch den Hauptaufgang im Vorbau, so tritt man in den *untern großen Bibliothekssaal*; gegen über führt eine Glasthüre in den gevierten Bibliothekshof, und gegen über führt eine andere Glasthüre wieder aus demselben. In dem Saale selbst stehen vom Eingang rechter Hand die Fächer der Mathematik, Physik und Naturgeschichte und weiter hin das ganze Alterthum der Kunst...

Von der rechten Hand des großen Eingangs an geht das theologische Fach mit der Kirchengeschichte in den andern Saal fort, welcher ehemals das theologische und philosophische Auditorium, nachher eine Zeit lang die Modellkammer[93] abgab. Beide Säle sind durch ein doppeltes Portal vereinigt, zwischen inne ist diesseits die Wand als Nische ge-

92 WA I.35, 106–107.

93 Kammer für Gipsmodelle (Marmorbüsten).

braucht für eine schöne weibliche Gypsfigur, eine sogenannte Vestale, aus Dresden, mit zwey Globen zur Seite; an der andern Seite laufen an der Wand die Repositorien hin, in jenem Saale aber die mitten inne freystehenden Repositorien gegen die Fenster auf der nördlichen Seite in Form eines halben Kreises zu, und der Saal endiget sich mit einer Nische zwischen den Fenstern, in welcher eine schöne Gypsfigur von Bologna aus aufgestellt ist; es ist der Silen mit dem jungen Bacchus aus der Villa Medicis.

... Aus dem Vorsaale führt eine verborgene Treppe hinauf in den obern Saal durch eine Fallthüre. Neben der Treppe gelangt man durch eine Thüre in den schmalen Gang, welcher nunmehr dahin eingerichtet ist, daß von dem neuen Hofe her auf der östlichen Seite ein Eingang ist, durch welchen man rechter Hand zur Thüre des Musei, weiter hin zur Glasthüre nach dem innern Hofe, und noch weiter linker Hand in die Kirche geführt wird. [...]

Wir gehen wieder zum großen Eingang durch den Vorbau zurück, von welchem eine doppelte Treppe in den *obern Bibliothekssaal* führt. Durch eine Glasthüre gelangt man in den großen historischen Saal. Gehet man linker Hand hinauf, so erblickt man an der östlichen Wand das Bildniß unsers Münchhausens in Lebensgröße[94], das von jeher hier stand; an der Seite hinunter läuft der juristische Saal, in welchem in der Mitte zwey Blenden an den Wänden, einander gegenüber, die Gypsfiguren des Laocoon und des Apollo in Belvedere stehen. Gehet man in den historischen Saal zurück und nach dem westlichen Ende hinunter, so sind hier die beiden Schränke mit den Parlamentsacten an der Wand angebracht, die vorhin am östlichen Ende der Repositorien standen; von dort aus eröffnet sich dem Blicke der ehemalige theologische, jetzt medicinische und philosophische Saal. Dieser, so wie auf der andern Seite des Hofes der juristische, verbindet sich mit einem schmalen Saal auf der südlichen Seite, der durch die Kirchwand beschränkt wird, aber gegenwärtig durch Wegschaffung eines Repositorii,

94 Ölgemälde hängt noch im Treppenhaus des Bibliotheks-Altbaus, Eingang Papendiek.

das eben den Saal verengte, erweitert ist. In diesem sind an der Kirchwand aufgestellt: die ganze Uffenbachische Schenkung, welche 1769, nach des seligen Besitzers Tode nach Göttingen kam; ferner die Russische Bibliothek und alle Geschenke des Barons von Asch. An der westlichen Wand ist eine Nische für eine Gypsfigur bestimmt.

Aus dem östlichen juristischen Saale kommt man durch eine doppelte Arcade in den neuen Saal. Zwischen den Bögen ist die Mauer als Nische eingerichtet, in der einen nach dem juristischen Saale zu stehet ein Mediceischer Faun, und in der andern nach dem neue Saale eine Mediceische Venus. In dem neuen Saale ist das ganze Fach der alten Classiker und der Sprachkunde mit den verwandten schönen Kenntnissen enthalten. Von der in die Universitätskirche hier durchgebrochenen Durchsicht ist schon vorhin gedacht werden.

Dieser Saal endiget sich durch den Ausgang nach dem neuen Aufgange zu dem Bibliotheksgebäude durch eine steinerne Treppe. Zur Seite am südlichen Ende des Saals gelangt man in das schöne geräumige Bibliothecariatszimmer, worin die Catalogen verwahrt werden.

Die ganze Bibliothek ist schön erleuchtet, die Arcaden, durch welche die Säle verbunden und die Repositorien selbst abgesondert sind, geben dem Ganzen eine edle Aussicht, und eben die Vertheilung in mehrere durch Bögen verbundene Säle überrascht von Zeit zu Zeit das Auge mit einer neuen Aussicht. Die Arcaden sind überall mit Gypsbüsten nach guten Antiken ausgezieret, wodurch zugleich bewirkt wird, daß Studierende, welche sonst keine Gelegenheit dazu hatten, einige Begriffe von den schönen Kunstwerken erhalten.

Sicherheit verschaffet nunmehr dem Gebäude außer dem doppelten steinernen Zugange bis unter das Dach ein doppelter durch die Gefälligkeit des Herrn Commandanten Generalmajors von Seebach bey Tag und Nacht hergegebener Soldatenposten, und die Nacht über nebst diesem Posten eine beständige Erleuchtung der ganze Fronte durch Kugelleuchten. Die mehrmalen in Vorschlag gebrachte Anbringung eines Blitzableiters ist bisher theils als unzulänglich, theils als überflüssig befunden und ausgesetzt worden.«

Einen sehr anschaulichen Bericht über die Göttinger Bibliothek aus der Sicht eines Benutzers schrieb ein Schweizer Student um 1791, aus dessen Briefen bereits im 1. Kapitel kurz zitiert wurde:

»Das Bibliotheks-Gebäude, das eben nicht sehr in die Augen fällt, stehet an der Pauliner Straße, und hänget mit der Universitätskirche zusammen. Auf der andern Seite, wo der Haupteingang ist, hat es eine Art von Hof, der mit einer doppelten Wache besetzet ist. Es ist, so wie die meisten hiesigen Gebäude, niedrig, und hat nicht mehr als zwey Geschosse, von der Erde an bis unter das Dach gerechnet. Wenn man in dem untern Geschosse zur Thüre hinein tritt, so präsentiret sich an den beyden Hauptseiten, linker Hand, die ganze Naturgeschichte, die wegen der vielen kostbaren, und zum Theil seltenen, mit Farben ausgemalten Werke, einen der Hauptschätze der Bibliothek ausmacht. Hinter der einen dieser beyden Hauptseiten, gleich bey dem Eingange, befindet sich das Fach der Mathematik, und hinter der andern das Fach der Naturlehre. Vorne an den Fenstern herum hat die Archäologie ihren Platz, und zwischen derselben in der Mitte stehet die Büste des jetzigen Königs von weißem Marmor. Hier ist es, wo Heyne alle zwey Jahre ein Mahl im Sommer früh von acht bis neun Uhr, seine archäologischen Vorlesungen hält, und dabei die Ueberbleibsel des Alterthums, theils in Kupfern, theils in Gemmen u. dergl. vorzeigt. Dieses Collegium aber ist nicht für jedermann; es werden nicht mehr als ohngefähr zwölf zugelassen, und von diesen bezahlt ein jeder drey Louisd'or. – Alles, was man bey dem Eintritt in den Saal rechter Hand übersiehet, ist Theologie; und wenn man durch das theologische Feld durchgegangen ist, so kömmt man in ein paar kleine Zimmer, in welchen man alle allgemeine periodische Schriften beysammen antrifft: als Bibliothèque universelle, La Republique des lettres, Journal encylopédique, Allgemeine Teutsche Bibliothek, gelehrte Zeitungen usw.

Alles, was sich in diesem untern Geschosse der Bibliothek befindet, macht nur die kleinere Hälfte der Bibliothek aus. Gehet man aber die Treppe hinauf, so kömmt man zuerst in den großen historischen Saal. In diesem Saal hat der Bibliotheks-Secretär, linker Hand vorne am Fenster, seine Tafel, wo alle Bücher abgeliefert, und die neu ausgegebenen eingeschrieben werden. An diesen großen historischen Saal stoßen an beyden Enden zur rechten und linken Hand, vom Eingange an gerechnet, zween kleinere Sääle; der Saal auf der linken Seite ist siebenzig Schritte lang, und in zwey gleiche Theile abgetheilet, wovon der eine das juridische Fach, und der andere die alten griechischen und römischen Schriftsteller enthält. Der Nebensaal auf der rechten Seite ist etwas kürzer, und enthält die medizinischen und ökonomischen Schriften. Hinter demselben gehet ein schmaler Gang, durch welchen man in den vorigen Nebensaal kommen kann, und welcher mit der Uffenbachischen Bibliothek an beyden Seiten angefüllet ist. – Mit den Nebenfächern will ich Ihnen nicht beschwerlich fallen. Eine allzugroße Umständlichkeit in dergleichen Beschreibungen verwirret nur, und hilft zu nichts. Wie hoch sich die Anzahl der Bücher belauffe, das weiß man nicht. Der Catalogus aber bestehet aus einhundert und funfzig Folianten. Einige schätzen die Anzahl der Bände auf zwey, andere auf dreymahl hunderttausend. Vielleicht erfährt man nach geschehener Revision, die nun, nachdem der Catalogus vollends zu Stande gekommen ist, bald ihren Anfang nehmen, aber auch länger, als ein Jahr dauern wird, etwas bestimmteres. Doch die Anzahl der Bücher mag auch seyn, welche sie will, so ist gewiß, daß man nicht leicht vergeblich nach einem Buche fragen wird. Und wenn es auch Bibliotheken giebt, welche die hiesige an der Bücherzahl weit übertreffen, so hat doch diese, in Ansehung der Gemeinnüzigkeit, ohnstreitig den Vorzug vor allen Bibliotheken in der Welt.

Die öffentlichen Stunden, in welchen Bücher ausgegeben werden, sind das ganze Jahr hindurch Montags, Dienstags, Donnerstags und Freytags von ein bis zwey Uhr, und Mittwochs und Sonnabends von zwey bis fünf Uhr. In diesen Stunden kömmt eine große Anzahl Aufwärterinnen und Bedienten auf der Bibliothek zusammen, die theils die Bücher einzeln abholen, theils solche in ganzen Körben wieder abliefern. Die Gesetze, nach welchen der Student sich eigentlich hiebey richten soll, sind:

1) Daß er seinen Zettel, auf welchem er ein Buch verlanget, von einem Professor unterschreiben lasse.
2) Daß die Anzahl der Bücher, welche er von der Bibliothek zu Hause hat, nicht vier oder sechs übersteige.
3) Daß er die Bücher, ohne erneuerte Zettel, nicht über vierzehn Tage behalte.
4) Daß ihm, welcher sich wegen mehr als eines Buchs, erinnern lässet, im nächsten halben Jahr kein Buch, und dem, wegen dessen man den Prorector hat angehen müssen, niemahls eines wieder geliehen werde.

Was das erste Gesetz anbelangt, so hat dasselbe keine Schwierigkeit. Ein jeder Professor, bey welchem man nur ein Collegium gehöret hat, oder mit dem man sonst in bekanntschaft gekommen, ertheilet seine Unterschrift mit Vergnügen, und einige gehen in ihrer Willfährigkeit so weit, daß sie den Studenten eine ganze Parthie leerer Zettel mit ihrer Unterschrift in Vorrath geben, da dann der Student vor sich hintennach Bücher darauf schreiben kann, welche er will.

Bey der großen Freyheit, die man auf der Bibliothek genießet, ist die Ordnung, die dabey unterhalten wird, in der That zu bewundern. Wollte man Bücher stehlen, so könnte man es ohne die mindeste Gefahr, entdeckt zu werden. Man hat aber ein viel zu gutes Zutrauen zu der Ehrlichkeit der Studenten, als daß man darüber nur die mindeste Besorgniß äußerte, und die Bibliothek hat für einen jeden, der sie ebsucht, so etwas heiliges und ehrwürdiges, daß man beynahe kein Exempel eines begangenen Diebstahls weiß. Sogar als vor einigen Jahren ein Student Schulden wegen von hier nach Leipzig entwischte, so schickte er ein Bibliotheksbuch, welches er in der Eile in seinen Coffer gepackt hatte, von freyen Stücken von da wieder hieher.«

Vor Goethes Besuch der Bibliothek waren die Gebäude nach Plänen des Universitäts-Architekten Georg Heinrich Borheck von 1782 bis 1787 umgebaut worden. Das Treppenhaus fiel späteren Erweiterungsbauten zum Opfer, vom Flügelbau stehen nach den Zerstörungen im Zweiten Weltkrieg nur noch die Außenmauern. Von den weiteren Plänen Borhecks kam bis zum Besuch Goethes keiner zur Ausführung.[95]

Am Schluß seines Berichtes über die Reise nach Göttingen und Pyrmont schreibt Goethe im Zusammenhang mit der Benutzung der Bibliothek und seinen zahlreichen Gesprächen mit den Gelehrten der Universität:

So verbraucht' ich denn die Zeit so angenehm als nützlich, und mußte noch zuletzt gewahr werden, wie gefährlich es sei sich einer so großen Masse von Gelehrsamkeit zu nähern*: denn indem ich, um einzelner in mein geschäft einschlagender Dissertationen willen, ganze Bände dergleichen akademischer Schriften vor mich legte, so fand ich nebenher allseitig so viel Anlockendes, daß ich bei meiner ohnehin leicht zu erregenden Bestimmbarkeit und Vorkenntniß in vielen Fächern, hier und da hingezogen ward und meine Collectaneen eine bunte Gestalt anzunehmen drohten. ich faßte mich jedoch wieder in's Enge und wußte zur rechten Zeit einen Abschluß zu finden.*[96]

Der Universitätsbibliothek und seinen Bibliothekaren wird Goethes höchstes Lob zuteil. Er schreibt, nachdem er am Montag, den 8. Juni den Reitstall (s. u.) besucht hatte: *Nachmittag auf der Bibliothek, die Einrichtung und Ordnung, besonders der Catalogen, die Aufstellung derselben nach Ordnung des Realcatalogs. Ausleihen der Bücher u. s. w., welches alles näher notirt werden muß.*[97]

Und in den Tag- und Jahresheften[98]: *Von da* [Reitbahn] *zu der allerruhigsten und unsichtbarsten Thätigkeit* [in der Bibliothek] *überzugehen, war in oberflächlicher Beschauung gegönnt; man fühlt sich wie in der Gegenwart eines großen Capitals, das geräuschlos unberechenbare Zinsen spendet.*

Goethes Arbeiten in der Bibliothek nehmen nach der Kur in Pyrmont ihren Fortgang. Am Sonntag abend, den 18. Juli, kam er in Göttingen an, am Sonntag früh besuchte

95 Werner Seidel: Baugeschichte der Niedersächsischen Staats- und Universitätsbibliothek in Göttingen 1734–1953, Hainbergschriften Band 11 (Hrgsb. K. J. Hartmann), Göttingen 1953.

96 WA I.35, 109–110.

97 WA III.3, 19.

98 WA I.35, 97.

er bereits Heyne und Reuß und vermerkt darüber hinaus in seinem Tagebuch das Stichwort *Einrichtung*, was sich in direkter Verbindung mit den beiden Namen der Bibliothekare auch auf seine Pläne in der Bibliothek beziehen kann. Am Montag, den 20. Juli notiert Goethe in seinem Tagebuch[99]: Hugos Naturrecht. *Auf der Bibliothek erstes Aufsuchen der optischen Schriften.*

Die Fülle an weiteren Tagebucheintragungen macht deutlich, wie intensiv Goethe die Göttinger Bibliothek in diesen Juli- und Augustwochen 1801 genutzt hat:

Dienstag d. 21ten. … Bibliotheck. Allgemeine Durchsicht der ausgesuchten Bücher. Besonders Gülich *u.* Bernard. Telesius. *Zu Hause* Rizetti *und* Pütters *Gelehrten Geschichte von Göttingen. Nach Tische Biblioth. …*

Mittwoch d. 22ten. Pütter, Rizetti. *auf der Bibliotheck. Lecktionskataloge von Göttingen seit dem Ursprung. Nach Tische Bibliotheck.* Desagulier. Gülich. …

Donnerstag d. 23ten. Früh und Nachmittag Bibliotheck. Verschiedene, besonders ältere Schriftsteller durchblättert.

Freytag d. 24ten. … Neutons Eloge *durch* Fontenelle *Früh und Nachmittag auf der Bibliotheck. …*

Montag. Bibliotheck vor und Nachmittag, besonders Newton und Zeitgenossen. …

Dienstag. Bibliotheck.

Mittwoch am 29ten Juli. Früh spatzieren, ließ mir Bücher von der Bibliothek holen und beschäftigte mich hauptsächlich mit der Newtonischen Lehre und den gleichzeitigen Streitigkeiten. …

Montag d. 3ten. Früh an der Farbelehre. Kamen Durchlaucht der Herzog mit Herrn von Egloffstein [aus Pyrmont – s. Kap. 6]. *Mit ihnen auf der Bibliothek. …*

Dienstag am 4ten. Früh auf der Bibliothek Farben Klaviere betreffend. …

Montag d. 10ten Aug. Früh auf der Bibliothek. …

Donnerstag 13ten. … Auf der Bibliotheck Abschied. …

Zu allen Namen finden sich in Goethes Werk *Zur Farbenlehre. Historischer Theil.* ausführliche Darstellungen: Den

99 WA III.3, 27 ff.

Grafen *Johannes Rizetti* (gest. 1751) bezeichnet Goethe als einen *Venetianer und aufmerksamen Liebhaber der Dioptrik*[100].

Von dem Fabrikanten *Jeremias Friedrich Gülich* (1739–1803) hat er das Werk »Vollständiges Färbe- und Bleichbuch. Sechs Bände. Ulm 1779–1793.« intensiv studiert. Als Beispiel für Goethes Art und Umsetzung dieser Studien anhand von Werken aus der Göttinger Bibliothek in seiner Farbenlehre sei der Text über *Gülichs Färbe- und Bleichbuch* hier zitiert:[101]

Dieser Mann, welcher zu Sindelfingen bei Stuttgart ansässig und zuletzt im Badenischen angestellt war, dessen Lebensgang wohl mehr verdiente bekannt zu sein, war in seinem Handwerk, in seiner Halbkunst, wie man es nennen will, so viel wir ihn beurtheilen können, wohl zu Hause. Alle Erfordernisse bei der Färberei, sowohl in so fern sie vorbereitend als ausführend und vollendend gedacht werden, lagen ihm zur Hand, so wie die verschiedensten Anwendungen, welche man von Farben technisch auf alle Arten von Zeugen und Stoffen nach und nach ersonnen hat.

Bei der großen Breite, bei dem genauen Detail seiner Kenntnisse sah er sich nach einem Leitfaden um, an welchem er sich durch das Labyrinth der Natur- und Kunsterscheinungen durchwinden könnte. Da er aber weder gelehrte, noch philosophische noch literarische Bildung hatte, so wurde es seinem übrigens tüchtigen Charakter sehr schwer, wo nicht unmöglich, sich überall zurecht zu finden.

Er sah wohl ein, daß bei allem Verfahren des Färbers nur sehr einfache Maximen zum Grunde lagen, die sich aber unter einem Wust von einzelnen Recepten und zufälligen Behandlungen verbargen und kaum gefaßt werden konnten.

Daß mit einer klugen Anwendung von Säuren und Alkalien viel, ja beinah alles gethan sei, ward ihm klar, und bei dem Drange zum Allgemeinen, den er in sich fühlte, wollte er dem Material seines Geschäfts und dessen Anwendung nicht allein, sondern zugleich der ganzen Natur, einen eben so einfachen Gegensatz zum Grunde legen. Deßhalb wurden ihm Feuer und Wasser die zwei Haupt-Elemente. Jenem gesellte er die Säuren, diesem die Alkalien zu. In jenem wollte er zugleich die hochrothe, in diesem die blaue

100 WA II.4, 85 ff.
101 WA II.4, 247 ff.

Farbe finden, und hiermit war seine Theorie abgeschlossen; das Übrige sollte sich hieraus entwickeln und ergeben.

Da die eminentesten und beständigsten Farben aus den Metallen hervorzubringen waren; so schenkte er auch diesen vorzügliche Aufmerksamkeit und eine besondere Ehrfurcht. Dem Feuer, den Säuren, dem Hochrothen soll Gold und Eisen, dem Wasser, den Alkalien, dem Blauen soll vorzüglich Kupfer antworten und gemäß sein; und überall wo man diese Farben finde, soll etwas wo nicht gerade wirklich Metallisches, doch dem Metallischen nahe Verwandtes und Analoges angetroffen werden.

Man sieht leicht, daß diese Vorstellungsart sehr beschränkt ist und bei der Anwendung oft genug unbequem werden muß. Weil jedoch seine Erfahrung sehr sicher und stät, seine Kunstbehandlung meisterhaft ist; so kommen bei dieser seltsamen Terminologie Verhältnisse zur Sprache, an die man sonst nicht gedacht hätte, und er muß die Phänomene selbst recht deutlich machen, damit sie vielseitig werden, und er ihnen durch seine wunderliche Theorie etwas abgewinnen kann. Uns wenigstens hat es geschienen, daß eine Umarbeitung dieses Buchs, nach einer freiern theoretischen Ansicht, von mannichfaltigem Nutzen sein müßte.

Da, wie der Titel seines Buches ausweis't, die erste Sorge des Färbers, die Farblosigkeit und Reinigkeit der Stoffe auf welche er wirken will, ihm niemals aus den Augen gekommen; da er die Mittel sorgfältig angibt, wie solchen Stoffen alle Farbe und Unreinigkeit zu entziehen: so muß ihm freilich der Newtonische siebenfarbige Schmutz, so wie bei seiner einfachern Ansicht, die siebenfache Gesellschaft der Grundfarben höchst zuwider sein; deßwegen er sich auch gegen die Newtonische Lehre sehr verdrießlich und unfreundlich gebärdet.

Mit den Chemikern seiner Zeit, Meyer, Justi und andern, verträgt er sich mehr oder weniger. Das acidum pingue[102] *des ersten ist ihm nicht ganz zuwider; mit dem zweiten steht er in mancherlei Differenz. So ist er auch in dem was zu seiner Zeit über die Färbekunst geschrieben worden, und was man sonst über die Farbenlehre geäußert, nicht unbekannt.*

102 Wörtlich: acidum – Säure und pinguis – Fett (sinngemäß: »fette Säure«).

So viel sei genug, das Andenken eines Mannes aufzufrischen, der ein laborioses und ernstes Leben geführt, und dem es nicht allein darum zu thun war, für sich und die Seinigen zu wirken und zu schaffen; sondern der auch dasjenige was er erfahren, und wie er sich's zurecht gelegt, andern zu Nutz und Bequemlichkeit, emsig mittheilen wollte.

Dieser Text verrät sehr viel von Goethes eigenen An- und Absichten im Zusammenhang mit seinem Wirken in den Naturwissenschaften insgesamt.

Bei dem weiterhin genannten Autoren *Berhard Telesius*[103] (1508–1588) handelt sich um einen Naturphilosophen, der den Lehren Aristoteles' folgte. *Jean Theophile Desaguliers*[104] (1683–1744) war Physikprofessor in Oxford und London. *Bernard Le Bovier de Fontenelle*[105] (1657–1757) war ein französischer Schriftsteller und Philosoph, von 1699–1740 Sekretär der Académie des Sciences in Paris. Er wurde vor allem als bedeutender Vorläufer der Aufklärung und Verfasser populärwissenschaftlicher Dialoge wie »Gespräche von mehr als einer Welt« (1686) und »Gespräche in der Unterwelt« (1683) bekannt.

Goethe hat auch von Weimar aus die Göttinger Bibliothek mit ihren Schätzen immer wieder in Anspruch genommen. Und im Jahre 1804 vermerkt er im Zusammenhang mit der Entstehung seiner Arbeiten zur Geschichte der Farbenlehre dazu weiterhin:

Hier darf ich aber nicht verschweigen, daß diese Werke von der Göttinger Bibliothek, durch die Gunst des edelne Heyne mir zugekommen, dessen nachsichtige Geneigtheit durch viele Jahre mir ununterbrochen zu Theil ward, wenn er gleich öfters wegen verspäteter Rücksendung mancher bedeutender Werke einen kleinen Unwillen nicht ganz verbarg. Freilich war meine desultorische Lebens- und Studienweise meistens Schuld, daß ich an tüchtige Werke nur einen Anlauf nehmen und sie wegen äußerer Zudringlichkeiten bei Seite

103 WA II.3, 216 ff.
104 WA II.4, 74 ff.
105 WA II.4, 118–128.

legen mußte, in Hoffnung eines günstigeren Augenblicks, der sich denn wohl auf eine lange Zeitstrecke verzögerte.[106]

Ein Jahr nach Goethes Besuch der Bibliothek erschien 1802 im Neuen Hannöverschen Magazin ein Aufsatz des »Commerzrathes« Brandes (s. Kap. 2) mit dem Titel »Ueber den gegenwärtigen Zustand der Universität Göttingen«, in dem er sich in Ergänzung zum Werk Pütters vor allem auch über die Bibliothek äußert:

»... Diejentze öffentliche Anstalt, die ihrer allgemeinen Wichtigkeit wegen zuerst genannt werden muß, ist die Bibliothek. Wie der Grund zu dieser Bibliothek durch die Acquisition der Büchersammlung des Großvogts von Bülow gelegt, und solche ununterbrochen bis auf unsere Tage auf das beträchtlichste vermehrt worden, ist allgemein bekannt. Eben so allgemein bekannt ist, daß die Göttingische Bibliothek die gemeinnützigste und die am meisten benutzte Bibliothek in der Welt ist. Ob sie die zahlreichste Bibliothek in der Welt sey, daran liegt im Ganzen wenig. Es läßt sich auch dieses nie genau bestimmen; denn zählt man nach Bänden, so frägt sich, welche Bibliothek hat mehrere oder wenigere kleinere Schriften oder Theile in einem Band gebunden, und nach Werken wird wohl keine Bibliothek zählen, weil alsdann eine Ungleichheit zwischen dieser, die mehrere kleinere Schriften und andern, die mehrere voluminöse Werke enthalten, entstehen müßte. Wahrscheinlich muß jetzt die Pariser Nationalbibliothek die zahlreichste in der Welt seyn. Die Kaiserliche Bibliothek in Wien wird auf 300 000 Bände geschätzt. Die Königl. Bibliothek in Copenhagen auf 250 000. Höchst vermutlich ist die Göttingische Bibliothek sehr nahe an 20B stark. Eine genaue Gewißheit läßt sich, ohne eine besondere Zählung, nicht erhalten, da in den vortrefflichen Real- und Nominalcatalogen bei einem jeden Artikel die Anzahl der Bände nicht verzeichnet sind. In dem Verzeichnisse der jährlichen Accessionen wird jetzt die Anzahl der Bände genau bemerkt, aber in ältern Zeiten ist dieses nicht sorgfältig geschehen. Seit 1783 (die Nachricht verdanke ich der gefälligen Mittheilung des

106 WA I.35, 180–181.

Herrn Professors Reuß) beträgt der jährliche Zuwachs im Durchschnitt 2200 Bände. Wir wollen uns mit der Ehre begnügen, daß unsere Bibliothek die gemeinnützigste und am meisten benutzte Bibliothek auf der Welt sey. Nicht allein Lehrer und Studirende können sie mit der größten Leichtigkeit benutzen und benutzen sie wirklich so, da nach einem Anschlage täglich über 200 Bücher abgehen und zurückgeliefert werden, sondern auch eine sehr beträchtliche Zahl von Fremden findet sich nicht selten allein zur Benutzung der Bibliothek in Göttingen ein.«

Goethe hat in seinen Reiseakten auch ein Exemplar der »Bibliotheks-Gesetze« vom 26. September 1797 aufbewahrt (Goethe- und Schiller-Archiv Stiftung Weimarer Klassik). Unterzeichnet sind sie von dem Grafen von Kielsmannsegge, der als »Geheimrat der Königlich-Großbritannischen zur Churfürstlich-Braunschweig-Lüneburgischen Regierung« diese an die Universität zu Göttingen gesandt hatte – mit einem »Auszug der von Königlicher Geheimten Raths-Stube de dato Hannover den 28ten Oct. 1761 gemachten Bibliotheks-Gesetze«.

4. Ausflüge in die Göttinger Umgebung

Gar manche Spaziergänge wurden (...) vorgenommen
Hainberg, Weende, Burg Plesse, Mariaspring

Die Eintragungen Goethes in sein Tagebuch verzeichnen den ersten Besuch auf dem Hainberg am Mittwochabend, dem 10. Juni 1801. Nach der Rückkehr von Pyrmont nach Göttingen finden wir über den Hainberg zwei weitere Eintragungen: Sonnabend, den 8. August 1801: *Abends mit August am Hainberge bey den Astroiten.*

Auf dem Weg von Göttingen nach Kassel bestiegen Goethe und seine Begleitung am 14. August den Hohen Hagen bei Dransfeld, *auf welchem man die schönste Aussicht genießt. So sieht man z. B. den Brocken, den alten Hanstein, das Schloß Berlepsch, zwey Gleichen in ihren Ruinen, Göttingen mit den umliegenden Dörfern, den Hainberg hinter demselben ...*

In den Tag- und Jahresheften von 1801[107] heißt es dann etwas ausführlicher:

Die unermüdliche durchgreifende Belehrung Hofrath Blumenbachs, die mir so viel neue Kenntniß und Aufschluß verlieh, erregte die Leidenschaft meines Sohnes für die Fossilien des Hainberges. Gar manche Spazierwege wurden dorthin vorgenommen, die häufig vorkommenden Exemplare gierig zusammengesucht, den seltnern emsig nachgespürt. Hierbei ergab sich der merkwürdige Unterschied zweier Charaktere und Tendenzen: indeß mein Sohn mit der Leidenschaft eines Sammlers die Vorkommnisse aller Art zusammentrug, hielt Eduard, ein Sohn Blumenbachs, als geborner Militär, sich bloß an die Belemniten und verwendete solche, um einen Sandhaufen als Festung betrachtet mit Palisaden zu umgeben.

Ein Teil dieser Versteinerungen wurde dann als Wurfgeschosse gegen die nächtliche Belästigung durch Hunde in der Allee (s. Kap. 2 – *Goetheallee*) verwendet.

107 WA I.35, 107–108.

Im Buch »Der Göttinger Student« von 1813 beschreibt L. Wallis im »Zweyten Capitel. In Beziehung auf Vergnügen. – Erste Abtheilung. Schöne Naturscenen und Aussichten an sich« auch den *Hainberg* in seiner damaligen völlig anderen als heutigen Beschaffenheit:

»Er ward gleich anfangs bey der Lage Göttingens erwähnt, weil auf seinem westlichen Abhange die halbe Stadt ruhet. Jetzt Einiges näher von demselben! – Er ist ein nacktes Gebirge, ganz von Gesträuchen entblößt. Nur hin und wieder, nördlich und südlich von Göttingen sind Waldungen, allein wie es scheint auf anderen mit dem Hainberge zusammenhängenden Gebirgen.

Der Hainberg ist 500 Pariser Fuß höher als das Bibliotheksgebäude. Man übersieht von ihm einen großen Theil des Leinethals, welches mit vielen zerstreuten Dörfern und einzelnen Höfen besäet ist. Göttingen liegt dem Betrachtenden so tief unter den Füßen, daß man den ganzen Umfang der Stadt sieht, nebst dem ringsumlaufenden Walle. Es ist ein sehr schöner Anblick, so von oben herab eine Stadt zu überschauen, die in ihren Mauern die größten Gelehrten Deutschlands, die vortrefflichsten academischen Anstallten, und so viele hoffnungsvolle Jünglinge umfaßt. –«

Über seinen Aufenthalt im Sommer 1801 schrieb Goethe in seinen Tag- und Jahresheften auch über die vielen Geselligkeiten und die weiteren Ausflüge in die Umgebung von Göttingen:

Ich müßte das ganze damals lebende Göttingen nennen, wenn ich alles, was mir an freundlichen Gesellschaften, Mittags- und Abendtafeln, Spaziergängen und Landfahrten zu Theil ward, einzeln aufführen wollte. Ich gedenke nur einer angenehmen nach Weende *mit Professor* Bouterwek *zu Oberamtmann* Westfeld, *und einer andern von Hofrath* Meiners *veranstalteten, wo ein ganz heiterer Tag zuerst auf der* Papiermühle, *dann in* Deppoldshausen, *ferner auf der* Plesse, *wo eine stattliche Restauration bereitet war, in Gesellschaft des Professor* Fiorillo *zugebracht, und am Abend auf* Mariaspring *traulich beschlossen wurde.*[108]

108 WA I.35, 107.

Der von Goethe genannte Ausflug zur Plesse fand laut seinem Tagebuch am Mittwoch, den 12. August 1801 statt.[109]

Auch der bereits mehrmals zitierte Ludwig Wallis hat in seinem Büchlein »Der Göttinger Student« von 1813 diese Lokalitäten aufgeführt.

Unter der Überschrift »Gewöhnliche Belustigungsörter« wird an erster Stelle die *Papiermühle* beschrieben.

Einleitend heißt es darüber:

»Unter dieser Rubrik führe ich die einzelnen Oerter auf, welche man mehrentheils nur besucht, um sich eine Bewegung zu machen und den Gaumen zu letzen …

1. Papiermühle

Sie liegt hinter dem Dorfe Weende eine gute halbe Stunde von Göttingen, am Eingange eines Bergkessels, den mehrere Quellen ausgehölt zu haben scheinen. Die Abhänge so wie ein Theil des Thalgrundes sind mit hohen Eichen und Buchen besetzt, weshalb der Aufenthalt sehr kühl und schattig, im ersten Frühling aber zu naß ist. Der Weendebach, welcher die Papiermühle treibt, entspringt in diesem Kessel, und bietet an seinem Ufer einen angenehmen einsamen Fußsteig dar bis zum Dorfe Weende. Er ergießt sich endlich in die Leine, nachdem er mehrere Mühlen in und unterhalb Weende in Bewegung gesetzt.«

Mit *Deppoldshausen* – im Tagebuch unter dem 12. August 1801 *Döppelshausen beym Förster Scheck* genannt – ist die Siedlung südlich von Eddigehausen am nördlichen Fuß des Hopfenbergs im Göttinger Wald gemeint. Durch Deppoldshausen führt der kürzeste Weg von Göttingen zur Burgruine *Plesse*:

»Der nächste Weg von Göttingen zur Plesse geht östlich durchs Weender Feld über den Bach Lutter nach Döppelshausen hinauf, von wo aus man sich links halten muß, bis die Plesse in voller Majestät durch das Licht der Bäume schimmert. – Zwey andere Fußsteige gehen von der Weender Papiermühle auf Eddigehausen und Döppelshausen. –

109 WA III.3, 31.

Das Innere der Burgruine Plesse – Burghof mit Bergfried (H. Grupe um 1824)

Sehr häufig wird sie von Mariaspring aus besucht, wo ein angenehmer Weg zu ihr führt.« (L. Wallis)

Ein Besuch der *Burgruine Plesse* ist auch noch heute lohnenswert. Unterhalb der schon von weitem sichtbaren, heute weißen Ruine liegt Eddigehausen, das Goethe als Dorf Plesse bezeichnete. In sein Tagebuch schrieb Goethe über die Hinreise nach Pyrmont nach seinem ersten Aufenthalt in Göttingen am 12. Juni 1801: *Um 12 Uhr Mittag von Göttingen, durch Weende, ein Klosteramt, hat schöne Gärten und Felder. Durch das Dorf Plesse. Rechts liegt auf einem mit Wald bewachsenen Berge das Stammhaus der Herren von Plesse, wovon aber nur noch die Ruinen übrig sind . . .*[110]

Wahrscheinlich lernte Goethe das Dorf erst bei seinem Besuch auf der Plesse im August kennen, denn die Postkutschenroute nach Northeim führte sicher dort nicht vorbei. An das Klosteramt, wo er mehrmals den Oberamtmann *Westfeld* (Christian Friedrich Gotthard W. (1746–1823), der im Register zu Goethes Werken – Weimarer Ausgabe – als »Naturforscher, Mineralog, Cameralist« bezeichnet wird.) besuchte, erinnert noch das ehemalige Klostergut am Klosterweg in Weende links von der Hannoverschen Straße.

Die Burg Plesse war nach vereinzelten schriftlichen Zeugnissen bereits in der ersten Hälfte des 12. Jahrhunderts vorhanden. Bis 1447 war sie Herrschaftszentrum und Wohnsitz der Edelherren von Plesse. Danach erhielten die Landgrafen von Hessen Burg und das Umland bis zum Wiener Kongreß 1816 zu Lehen. Noch 1624, im Dreißigjährigen Krieg, diente die Burg dem Landgrafen Moritz von Hessen als Zuflucht. 1660 wurde sie von ihren Bewohnern verlassen. In der zweiten Hälfte des 18. Jahrhunderts wurde sie zunächst aus »historisch-antiquarischem Interesse«, dann aber vor allem als »malerisch-romantischer Ort« u. a. von Ludwig *Hölty* (um 1772), dem Dichter des Hainbundes, wiederentdeckt und besungen. Die Reste der Burganlage wurden häufig von Göttinger Studenten besucht, wovon bebilderte Stammbuchblätter berichten.

110 WA III.3, 20.

Ebenso wie zu *Ulrichs Garten* (s. Kap. 2) schrieb er über die Burg Plesse ein Gedicht für ein Stammbuchblatt:[111]

Auf diesen Trümmern hab' ich auch gesessen,
Vergnügt getrunken und gegessen,
Und in die Welt hinaus geschaut:
War aber wenig nur erbaut.
Kein liebes Kind gedachte meiner,
Und ich fürwahr gehörte keiner;
So war die ganze Welt umgraut.
Ihr wißt ja selbst was sie erheitert,
Die Horizonte stufenklar erweitert.

In den »Lesarten« zu diesem Gedicht – im vierten Teil der Goethe-Gedichte: Inschriften, Denk- und Sende-Blätter – unter den Nr. »63. In ein Stammbuch. Zum Bildchen der Ruine Hanstein [Plesse] bei Göttingen.« (Quartblatt mit Kupferstich, daraufhin in der Handschrift Goethes lateinisch [gemeint: in lateinischer Schrift] das Gedicht, unterzeichnet *G* Weimar 17. May 1815, im Besitz von Frl. Anna Biltz in Berlin) erfahren wir folgende Geschichte:[112]

»Das Gedichtchen feiert offenbar die von Hofrath Meiners am 12. August 1801 veranstaltete Plessfahrt (Bd. 35, 107), deren Datum durch Meiners' Einzeichnung in August v. Goethes Stammbuch feststeht. (...) Als Goethe 14 Jahre später es für ein Stammbuch niederschreiben wollte, war ihm wohl kein Bild der Plesse zu Hand, und er benutzte statt dessen ein Bild des Hansteins, den er nie besucht hat, sondern nur aus der Entfernung kannte.« Goethe selbst bezeichnet aber das Gedicht als der ›Ruine Pleß‹ zugehörig.«

Eine Gastwirtschaft gibt es auf der Burg Plesse jedoch erst seit 1830. Zuvor mußten Speisen und Getränke mit Pferd und Wagen aus Eddigehausen, früher ein kleines Dorf, heute eine moderne Wohnsiedlung, hinaufgeschafft werden. Wanderer konnten aber auch in den Wirtschaften »Letzter Heller« in der Nähe des Rauschenwassers oder im »Mariaspring« einkehren.

111 WA I.4, 51.
112 WA I.5.2, 32.

Die Plesse wird von Ludwig Wallis im Kapitel »Schöne Aussichten, verbunden mit Merkwürdigkeiten des Alterthums; Ruinen« ausführlich gewürdigt:

»Unter allen Ruinen in der Nähe von Göttingen hat die Plesse die günstigste Lage. Sie liegt auf einem sehr hohen hervorspringenden Berge an einer großen Landstraße, weshalb man früh den Berg befestigte; – am festen Thurme soll vor 100 Jahren noch die Jahreszahl 963 gestanden haben –; gegen Südost, Süd und West ist er ziemlich steil, gegen Nord und Nordost mit den übrigen Gebirgen zusammenhängend. Die weniger steilen Abhänge waren untermauert und am oberen Rande mit 5 Ellen dicken Mauern umgeben, wie man oberhalb des Brunnens noch an Resten sieht.

In der Außenmauer führte ehemals eine Zugbrücke über einen tiefen trockenen Graben (gegen Nord und Nordost): von dieser Mauer stehen noch bedeutende Reste, so wie das Thor. Hinter demselben erblickt man einen Hügel auf dem das Schloß der Herrn von Plesse lag; auch diesen hat man an steilen Orten untermauert und an anderen Stellen ummauert. Der freye Platz zwischen der äußern und innern Burgmauer war nicht gering. An einer schmalen Stelle verband sie ein hohes festes Gebäude, die Wohnung der Plessischen Burgmänner; hier war der einzige Eingang zur eigentlichen Burg. Hinter demselben stand das Bornhaus, in dem man noch jetzt den Brunnen sieht. Gegen Süden hat der innere Burghügel keine Mauer und kein Thor; blos die Mauer, die den Fuß des Hügels schützte, ist vorhanden. Man geht durch die Öffnung in derselben nach Eddigehausen durch einen schönen Wald hinab. – Der innere Hügel enthielt alle zur Burg gehörigen Häuser und Thürme; gegen Süden steht der höchste, ein Wartthurm; gegen Norden der dickste, die eigentliche Burg, zu dem der Eingang 30–35 Fuß von der Erde. Bis 30 Fuß hoch ist er aus gehauenen Steinen aufgemauert, oben aus starken Bruchsteinen. Ein hervorspringender Ausbau aus Quadern diente vermutlich zur Winde, denn in diesen Thurm zog man sich in Zeiten der Noth zurück; er enthielt das Archiv und die Schätze der Herrscher. Prächtig hat er sich conservirt, denn 1542 ließ Dieterich von Plesse aus thörichter Besorgniß das Dach und

Blick von Westen auf die Burgruine Plesse

die Spitze abnehmen, Jetzt ragen über den obersten Rand zwey Lindenbäume hervor, deren Wurzeln tief unten im Thurm liegen müssen. Vor etwa 20 Jahren traf diesen Thurm ein Blitzstrahl und spaltete dessen obere Hälfte.

Die ältesten Gebäude standen an der südlichen und östlichen Seite; die anderen, rechts vom festen Thurme, wurden erst am Ende des 15ten Jahrhunderts und um die Mitte des 16ten ausgeführt. 1485 ward die Kapelle erbaut, an welcher das Plesser Wappen prangt.

Die Ruinen der Plesse muß man zu den schönsten in Deutschland zählen. Eine herrliche Aussicht ist unter der großen Linde, welche Schatten gegen die Sonne und Schutz vor den Winden beut! Wie schön zeigt sich das Leinethal! Schade, daß nahe Berge die Aussicht nach Göttingen hemmen. Nach Norden ist die Aussicht desto freyer – bis zur Huve hinter Einbeck. –«

Auch *Mariaspring* wird im Kapitel »In Beziehung auf Vergnügen« von Ludwig Wallis näher vorgestellt:

»Mit Recht glaube ich die Lage dieses Bergthales unter die Naturschönheiten rechnen zu dürfen, und also diesen beliebten Lust-Ort unter die Erste Abtheilung aufnehmen zu müssen. Die Natur hat hier ein schmales von Eichen beschattetes Thal gebildet; am Eingange desselben einen cristallklaren Quell, den eine weitschattige Buche vor jedem heißen Sonnenstrahl schützt; nur die Abendsonne spiegelt sich in demselben. Der Bach, den derselbe bildet (das *rauschende Wasser* genannt), ist von großer Wichtigkeit; er treibt 7 Mühlen und ergießt sich dann in die Leine. – Die Kunst ist der Natur zu Hülfe gekommen; hat der Quelle ein engeres Bassin gegeben, den Berg rechts mit immer steigenden Terrassen geziert; dieser wieder mit Tischen und Bänken versehen; unten nicht fern vom Quell einen Tanzplatz angelegt unter zwey dicken Eichbäumen; ein Häuschen aus Borke aufgeführt um den Gästen mit Erfrischungen zu dienen; ein Caroussel und eine Kegelbahn zugerichtet.«

5. Goethes Briefe aus und über Göttingen

In Göttingen haben sich jung und alt sehr artig gegen mich betragen.

(Soweit Briefe im Text zum Stadtrundgang – »2. Spaziergang durch das Göttingen Goethes« – erwähnt bzw. Briefauszüge bereits dort zitiert wurden, wird an dieser Stelle nur auf sie verwiesen.)

1783
Nr. 1795. An Charlotte v. Stein. *Göttingen d. 28ten Sept. 83.*[113] (s. zu Beginn des 2. Kapitels)

1801
Nr. 4401. An Christiane Vulpius. [Göttingen, 6.Juni][114] (s. Kap. 1)

Bevor Goethe seine Kur in Pyrmont begann, schrieb er an Schiller in Jena folgenden Brief über den ersten Teil seines Aufenthalts in Göttingen:

Nr. 4402. An Schiller. 11.Juni 1801[115]
Ehe ich von Göttingen scheide muß ich Ihnen doch ein Lebenszeichen geben. Es ist mir bisher sehr wohl gegangen, ich habe die merkwürdigsten Anstalten gesehen und den größten Theil der Professoren kennen lernen [können], *man begegnet mir mit viel Neigung und guten Willen und ich gestehe, daß ich mich lange nicht so wohl und heiter befunden habe.*

Die Anstalten sind höchst respectabel, doch werden Sie darüber, so wie über die Menschen erst mündlich von mir hören. Leider schei-

113 WA IV.6, 202.
114 WA IV.15, 237.
115 WA IV.15, 237–238.

nen meine Acten[116] *auf dieser Reise nicht so anzuschwellen, wie auf der letzten nach der Schweiz.* [Dritte Schweizer Reise 1797] *Damals war ich freylich im Falle meine Kräfte an der Welt zu versuchen, jetzt will ich zufrieden seyn wenn ich sie an ihr wieder herstelle. Kann ich indessen nur zum Anschauen der Totalität des Göttingischen Zustands gelangen, so wird mir diese Reise von außerordentlichem Nutzen seyn. Schon jetzt fühl ich, wie sich mein Geist bey Betrachtung dieser Zustände aufheitert.*

Mein Reisegefährte August, welcher Carln schönstens grüßen läßt, ist auch Schuld an meinem mindern Fleiß, indem er mich zerstreut und manche Betrachtung ableitet, doch ist er sehr glücklich, er gewinnt in manchem Sinne und auch mein Verhältniß gegen die Menschen wird durch ihn gelinder und heiterer, als es vielleicht außerdem hätte seyn können. Leben Sie recht wohl, grüßen Sie Ihre liebe Frau und erfreuen Sie mich, wenn ich wieder komme, mit Früchten Ihres Fleißes.

Göttingen am 11. Juni 1801. *G.*

Der erste Brief nach der Kur in Pyrmont an seine Frau lautet:

Nr. 4409. An Christiane Vulpius. 24. Juli 1801[117]
Nun bin ich acht Tage hier und befinde mich ganz leidlich. Obgleich Pyrmont mich nicht gänzlich von meinen Übeln befreyt hat; so muß ich doch hoffen daß (wie die Ärzte sagen) die beste Wirckung nachkommt. Ich will mich hier noch einige Zeit in Ruhe halten ind im Stillen fleißig seyn, wozu ich auf der Bibliotheck die beste Gelegenheit habe. Indessen, da die Briefe von hier manchmal so langsam gehen, will ich dir voraus meinen Plan sagen: Ich wünsche daß du Sonnabend d. 15ten August in Cassel eintreffest, ich werde an demselbigen Tage auch anlangen. Du kehrst im Posthause am Königsplatz, bey. Mad. Goullon ein, wer zu erst kommt macht Quartier, so daß wir zwey Zimmer haben, eins für dich und Gustel, eins für mich und den Professor [Meyer – s. u.]. *Mache diesem mein schönstes Kompliment und sage ihm daß er ja sich losmachen und*

116 Reiseakten Goethes unter »Acta der Reise nach Pyrmont 1801« im Goethe- und Schiller-Archiv der Stiftung Weimarer Klassik, worüber schon mehrmals berichtet wurde (s. auch Kap. 6).
117 WA IV.15, 248–249.

mit dir kommen soll. Indessen sagt niemanden daß ich so lange ausbleibe. bringe einiges Geld mit, etwa 100 rh und laß dir von unserm Nachbar Goullon[118] *ein Briefchen mitgeben, das du aber erst in den letzten Tagen zu fordern brauchst.*

Ich freue mich herzlich dich wieder zu sehen und mit dir in Cassel, unter soviel neuen und schönen Sachen, einige Tage zuzubringen. Ein recht zierliches Unterröckgen und einen großen Schaal, nach der neusten Mode, bringe ich dir mit. In Cassel kannst du dir ein Hütchen kaufen und ein Kleid, sie haben die neusten Waaren dort sogut als irgendwo.

August ist gar lieb und gut macht mit allen Menschen Freundschaft, du wirst dich rechten freuen wie er zugenommen hat, wenn du ihn wieder siehst. Lebe wohl, behalte mich lieb und sey überzeugt daß meine Liebe gegen dich unveränderlich ist. Schreibe mir gleich wenn du diesen Brief erhälst, damit ich doch auch weiß wie dirs geht und setze auf die Adresse Bey Herrn Instrumentenmacher Krämer, an der Allee.

Göttingen d. 24. Jul. 1801. *G.*

Nr. 4410. An Christiane Vulpius. 31. Juli 1801[119]

Da unsere Briefe nun wieder auf einer besseren Poststraße einen geschwinden Weg nehmen; so werde ich dir noch einigemal schreiben, um die Zeit zu verkürzen die wir noch von einander getrennt zubringen. Ich bin hier thätig und fleißig und befinde mich viel besser als im Anfange da ich hierher kam.

August ist sehr glücklich, doch hält es sehr schwer ihn auch nur kurze Zeit an den Schreibtisch zu bringen. Indessen lege ich hier einen Brief an dich und an den Legations Rath Schmidt bey.

Wir haben hier Gewitter und Regengüsse und ich höre aus Briefen von Loders, die hierher geschrieben sind, daß es bey euch auch nicht anders ist.

Ich habe ein artig Quartier, an einer Art von Esplanade und nahe am Walle, auf dem ich alle Tage spazieren gehe. August hat seine Glückseligkeit an Versteinerungen, die er auf einem nahe ge-

118 René Francois Goullon, Küchenmeister der Herzogin-Mutter Anna Amalia in Weimar.
119 WA IV.15, 249–250.

legenen Berge aufsucht. Auch hat er angefangen Schach zu lernen und es geht schon ganz artig damit.

Lebe recht wohl! ich freue mich recht sehr dir in Cassel wieder zu begegnen, ich wünsche uns daselbst nur recht schönes Wetter. Alles bleibt bey der Abrede.

Göttingen am 31.Jul. 1801. *G.*

Nr. 4411. An J. H. Meyer. 31. Juli 1801[120]

[Johann Heinrich MEYER (1760–1832) aus Stäfa am Züricher See, war seit 1795 in Weimar im Freien Zeicheninstitut tätig, dessen Leitung er 1807 übernahm. Er war Maler und Kunstschriftsteller. Goethe lernte ihn auf seiner Reise nach Italien in Rom im Jahre 1786 kennen. Er holte ihn 1791 nach Weimar, wo er in seinem Hause lebte. Im Dezember wurde er als Nachfolger von Georg Melchior Kraus Professor am Freien Zeicheninstitut.]

Für die Nachricht von Ihren Zuständen danke ich zum schönsten. Von mir kann ich wenigstens gegenwärtig sagen daß es mir recht leidlich geht. Es sey nun daß die Bibliothek und das akademische Wesen, indem sie mich wieder in eine zweckmäßige Thätigkeit, nach meiner Art, versetzten, mir zur besten Kur gediehen, oder daß wie die Ärzte sagen die Wirkung des Brunnens erst eine Zeit lang hintendrein kommt; denn ich kann wohl sagen daß ich mich in meinem Leben nicht leicht mißmuthiger gefühlt habe als die letzte Zeit in Pyrmont.

Zur Geschichte der Farbenlehre habe ich auf der Bibliothek recht viel und glücklich zusammengearbeitet. Wenn man eine Zeit lang hier bliebe, so würde die historische Behandlung der Wissenschaften für uns, wie für so viel andere, reizend werden. Wenn man nach allen Seiten hin so bequem erfahren kann was geschehen ist, vergißt man fast darüber was geschehen sollte.

Nun eine Bitte: Hofrath Heyne hat den Flaxmann[121] *noch nicht gesehen und ist äußerst neugierig darauf. Haben Sie doch die Güte die* Wolfischen Exemplare[122], *wohl eingepackt, mit dem Post-*

120 WA IV.15, 250–252.

121 John Flaxman (1755–1826), engl. Bildhauer und Zeichner, Werk »Lectures on Sculpture«.

122 Friedrich Ernst Wolf (1759–1824), Philologe, Prof. in Halle, ab 1810 in Berlin, Begründer der Altertumswissenschaften.

wagen, direct, an ihn zu senden und so weit zu frankiren als möglich. Ich möchte ihm gern die Artigkeit erzeigen, da man von Seiten der hiesigen Bibliothek äußerst gefällig ist und mir auch nach Weimar künftig alles was ich verlange zu senden versprochen hat.

Daß Schiller nach Dresden und nicht an die Ostsee geht ist mir herzlich lieb, grüßen Sie ihn, wenn er noch da ist, zum schönsten. Wir andern sollten uns niemals so weit in die Welt verlieren, daß wir nicht wenigstens mit Einem Fuß in der Region der Kunst oder Wissenschaft fest stünden, und ich müßte mich sehr irren, dort hinten ist in diesen Fächern wenig zu holen.

Leben Sie recht wohl und kommen Sie ja nach Cassel. Es wird für uns beyde sehr erquicklich und ersprießlich seyn.

Empfehlen Sie mich in Tiefurt zu Gnaden und sagen Herrn Gentz meine schönsten Grüße.

Göttingen am 31. Jul. 1801. *G.*

Aus Pyrmont schrieb Goethe an Schiller über seine Erwartungen an den zweiten Teil seines Aufenthaltes in Göttingen, der vom 18. Juli bis 14. August 1801 dauerte.

Nr. 4407. An Schiller. Pyrmont, den 12. Juni 1801[123] – Auszug[124]

[...] *Der Herzog wird morgen oder übermorgen erwartet, wenn er sich eingerichtet hat denke ich nach Göttingen zurück zu gehen. Blumenbachs Schädelsammlung hat manche alte Idee wieder aufgeregt und ich hoffe ein oder das andere Resultat sollen bey näherer Betrachtung nicht fehlen. Professor Hoffmann wird mich mit den kryptogamischen Gewächsen näher bekannt machen und dadurch eine starke Lücke in meinen botanischen Kenntnissen ausfüllen. Was ich für meine Farbenlehre auf der Bibliothek zu suchen habe, ist auch schon notirt und wird nun desto schneller zu finden seyn. Ich leugne nicht daß ich wohl ein Vierteljahr in Göttingen zubringen möchte, indem daselbst gar vieles beysammen zu haben ist.* [...]

123 WA IV.15, 243–244.
124 vollständiger Text dieses insgesamt informativsten Briefes über Goethes Reise nach Göttingen und Pyrmont insgesamt s. in Kap. 8.

Der Anatom Justus Christian Loder (1753–1832), 1778 bis 1803 Professor der Medizin, Anatomie und Chirurgie in Jena, war in 2. Ehe mit einer Tochter des Göttinger Chirurgen Richter verheiratet. Anläßlich einer Reise wenige Wochen nach seiner Rückkehr nach Weimar schrieb Goethe an ihn diesen folgenden Brief mit einem Fazit seines Aufenthaltes in Göttingen, der jedoch nur als Konzept erhalten ist:

Nr. 4411. An Loder. 17. September 1801[125]
Da ich vernehme, daß Ew. Wohlgeb. in kurzem nach Göttingen reisen, so ersuche ich Sie bey dieser Gelegenheit mich Ihren verehrten Schwiegereltern ins Andenken zu bringen und denselben für die mir erzeigte Freundschaft meinen aufrichtigen Dank zu wiederholen.

Es ist mir in Göttingen so wohl gegangen, ich habe so manches erfreuliche und nützliche von den öffentlichen Anstalten und von einzelnen Personen genossen, daß ich wünschte Ew. Wohlgeb. würden ein Zeuge meiner Erkenntlichkeit und empföhlen mich allen denen zu geneigtem Andenken die ihre gütigen Gesinnungen auch gegen den Abwesenden fortsetzten.

Der ich eine glückliche Reise wünsche und Sie bald wieder zu sehen hoffe.

Weimar am 17. September 1801.

Auch in einem Brief an den Göttinger Professor Sartorius nimmt Goethe auf seinen so erfreulich verlaufenden Besuch in Göttingen Bezug:

Nr. 4419. An Georg Sartorius. 10. Oktober 1801[126] – Auszug [*Concept*]
Einige junge Leute, die bey uns zum Besuche waren, kann ich ohne Lebenszeichen nicht entlassen, das ich Ew. Wohlgeb. schon so lange schuldig bin. Mein Dank für Ihre viele freundschaftliche Güte war nicht weniger lebhaft während meines bisherigen Stillschweigens.

Ich versetze mich gleich wieder an den Tag meiner Abreise von Göttingen, dessen Abend ich in Dransfeld zubrachte. Können Sie gelegentlich, in guter Gesellschaft, bey gutem Wetter, den Berg, wor-

125 WA IV.15, 254.
126 WA IV.15, 257–261.

auf die Steinbrüche zum Göttinger Pflaster sich befinden, ersteigen; so werden Sie gewiß viel Vergnügen haben. Es war mir sehr angenehm von da aus die Gegend, die ich so eben verlassen sollte, erst recht im Zusammenhange zu übersehen. Die Plesse, Weende, auch noch manches in jenem Leinegrunde, Göttingen, den Hainberg, sodann, in den benachbarten Gegenden, die Gleichen, mehrere Ortschaften, in sehr wechselnden Gründen, weiter rechts den Hahnstein, waldige Gebürge, Berlepsch u. s. w., den Horizont von den vielfachen Gebirgen des Harzes abgeschlossen.

August wollte mit bloßen Augen die Theile des Hainberges erkennen, wo er die Versteinerungen aufgesucht, und behauptete die Stallgebäude von dem Weender Gut deutlich zu sehen.

Wie dem auch sey so fühlten wir beyde daß wir Göttingen ungern verließen, wo es uns in manchem Sinne so wohl gegangen.

In Cassel fand sich meine ganze kleine Familie zusammen, da ich denn, in Gesellschaft meines Freundes Meyer, die Kunst und Naturwerke genießen und studiren konnte. [...]

Leben Sie recht wohl und lassen wo möglich den Faden nicht abreißen, der sich unter uns so freundlich angeknüpft hat. Empfehlen Sie mich Herrn Prof. Hugo und lassen mich bey meiner Wiederkehr einen guten Empfang in Göttingen hoffen.

Nach beyliegenden Verzeichnissen haben Sie ja wohl die Güte in der Kästnerischen Auction [s. Kap. 2 – Nikolaistraße] *bieten zu lassen, mit Dank werde ich die Auslagen erstatten. Von den Büchern die höher weggehen lassen Sie mich ja wohl die Preise erfahren.* Rizetti's[127] *Werk:* De luminis affectionibus, *welches auch in gedachter Auction sich befindet, möchte ich gar gern besitzen. Ich habe Herrn Prof. Reuß mündlich gebeten mir solches zu erstehen. Sie haben ja wohl die Güte ihn daran zu erinnern. ich gebe gern einen Ducaten, auch wohl etwas mehr dafür. Verzeihen Sie die Bemühung die ich verursache und leben recht wohl.*

Weimar am 10. Oct. 1801.

In einem Brief Goethes an Johann Friedrich Blumenbach, geschrieben zwei Monate nach dem Aufenthalt in Göttingen, wird das breite Spektrum ihrer gemeinsamen Interessensgebiete deutlich (s. auch Kap. 2):

127 Johannes Graf Rizetti, gest. 1751, Physiker (s. auch Kap. 3).

Nr. 4420 An Johann Friedrich Blumenbach. [Concept][128]

Durch einige iunge Leute, welche nach Göttingen zurückkehren, sende ich, mit vielfachem Dank, für alles Gute, das Sie dem Vater und dem Sohn so freundschaftlich haben erzeigen wollen, einiges von dem Versprochenen, worüber ich mir zugleich gelegentlich Ihre Belehrung erbitte.

Die physiognomischen Regeln[129] *bitte nicht aus Handen zu geben. Sie sind bey aller Sonderbarkeit ein wichtiges Vermächtniß eines so scharfsichtigen Beobachters, nur mit Gelegenheit erwarte ich sie zurück.*

Könnten Sie durch meinen Aufsatz, über das Geologische Vorkommen des Bologneser Spathes[130]*, einen Reisenden aufmerksam machen, daß er uns eine genauere und den Einsichten unserer Zeit gemäßere Beschreibung lieferte, auch die undeutliche Krystallisation bis zu einer höheren Deutlich verfolgte und gute Exemplare nach Deutschland lieferte; so würde es auf alle Fälle ein Gewinst seyn. ich war freylich als ich jene Gegenden besuchte noch mehr Laye in diesen Wissenschaften als gegenwärtig. Die näheren Bestimmungen, welche Sie in dem Aufsatze finden werden, verdanke ich Herrn Bergrath Werner*[131]*, welcher mich vor einiger Zeit besuchte.*

Was aber sagen Sie zu dem seltsamen Fossil, wovon das andere Blatt Meldung thut. Der große Zahn, der wahrscheinlich so seltsam gebogen war, am einen Ende, in der Mitte ein Tuffsteinähnlicher Klotz, an dem andern Ende ein Paar Schwimmfüße die sich denen des Delphins an gestalt zu nähern scheinen. Sollte Ihnen vielleicht etwas ähnliches bekannt seyn, so haben Sie die Güte mir davon einige Nachricht zu geben. Von dem Zahne sowohl als von dem sogenannten Körper schicke ich gelegentlich einige Stücke.

128 WA IV.15, 261–262.

129 Gemeint ist wahrscheinlich das Werk »Lavaters Physiognomische Fragmente zur Beförderung der Menschenkenntnis und Menschenliebe« (1775–1778), Auflage 750 Stück, großes Format, teuer und trotzdem schnell vergriffen (Johann Kaspar Lavater, 15. Nov. 1741 – 2 Jan. 1801), schweiz. Theologe, Philosoph und Literat.

130 Bariumsulfat, bekannter »Leuchtstein«, mit fluoreszierenden Eigenschaften (Lumineszenz), den Goethe auf seiner Italienreise im Oktober 1786 bei Palermo fand.

131 Abraham Gottlob Werner (1749–1817), Geologe und Mineraloge, Prof. an der Bergakademie Freiberg.

Nehmen Sie meinen wiederholten Dank für alles Gute das Sie uns in Göttingen so reichlich erzeigt, empfehlen Sie mich den werthen Ihrigen und verehrungswürdigen Freunden, besonders an Geh. Justiz Rath Heyne, dessen gütiger Brief nebst dem Flaxmannischen Werke[132] *zur rechten Zeit bey mir angekommen ist, und fahren fort meiner zu gedencken.*

Weimar am 11. Oct. 1801.

Nr. 4438. An Georg Franz Hoffmann. [Concept.] 23. November 1801[133]

Ew. Wohlgeb.

besondere Gefälligkeiten, womit Sie mir und meinem Knaben unsern Aufenthalt in Göttingen so angenehm und lehrreich machen wollen, sind uns beyden unvergeßlich und wir hätten früher schon ein Zeichen unserer Dankbarkeit gegeben, wenn nicht der Künstler, der das Keimen der Palme copiren sollte, mich durch die Langsamkeit seiner Arbeit bisher aufgehalten hätte.

Gegenwärtig empfangen Ew. Wohlgeb. die Zeichnung und ich wünsche daß Sie dadurch gereizt werden mögen das Phänomen selbst zu beobachten, das, durch diese Vorarbeit, noch lange nicht erschöpft ist.

Auch lege ich einige Nüsse von der Pinus pinea [Pinie] *bey, deren Aufkeimen, außer dem vollständigen Acumen, noch das besonders Merkwürdige hat daß die Nadeln des Federchens grün sind, ehe sie das Tageslicht erblicken.*

Hierbey bitte ich meiner zu gedenken, so wie ich mich bey jedem Moose der belehrenden Unterhaltungen erinnere, durch welche Sie mich in das Verborgenste der Natur eingeführt haben.

Empfehlen Sie mich dem Westfeldischen Hause[134] *und leben recht wohl.*

Weimar am 23. Nov. 1801.

132 John Flaxman, engl. Zeichner und Bildhauer des Klassizismus, s. Anm. 121, schuf Illustrationen zur »Ilias« und »Odysee« (1793) und zu Dantes »Göttl. Komödie« (1802).

133 WA IV.15, 276–277.

134 Oberamtmann Westfeld in Weende.

Nr. 4439. An Sartorius. [Concept.] 23. November 1801[135]
Eben da ich eine Rolle für Herrn Prof. Hoffmann zusiegle, fallen mir einige akademische Neuigkeiten in die Augen und ich entschließe mich geschwind sie darum zu wickeln und Ihnen das ganze, zu gefälliger Beförderung der Inlage, zu überschicken; denn es ist im Grunde gar nicht übel, wenn Georgia Augusta *von den, mehr oder weniger, wunderlichen Zuständen ihrer Schwestern in Apoll zeitig Notiz nimmt. Vielleicht geschieht auch dieß ohne mein Zuthun; doch lassen Sie diese Sendungen immer auch als eine Fortsetzung unserer scherz- und ernsthaften Unterhaltungen gelten. Haben Sie vielen Dank für die Mittheilung des Auctionsgeheimnisses, das ganz nah mit jenen Zahlenoperationen verwandt seyn mag, wodurch sich, nach Plato, schöne und tapfere Kinder zeugen lassen.*

Für heute nur ein Lebewohl weil es etwas geschwinde geht.

Weimar am 23. Nov. 1801.

Nr. 4440. An F. H. Jacobi[136] vom 23. November 1801.[137] Auszug.
Das grüne Briefblatt, das ich lange nicht gesehen hatte, war mir höchst erfreulich, nur hätte ich demselben auch einen heitern Inhalt gewünscht. Es schmerzt mich daß dir ein gesundes und glückliches Alter versagt ist, das doch so manchem zu Theil wird, und wünsche nur daß deine Reise eine Wirkung haben möge, die du freylich selbst nicht zu hoffen scheinst.

Laß mir, wenn du von Paris zurückkehrst, wissen wie es dir ergangen ist; da du dort in Verhältnissen lebst, die dir eine nähere Einsicht in manche Zustände gewähren. [...] *Übrigens wünsche ich dir zu deinem dortigen Aufenthalt alles Gute und Erfreuliche. Was mich betrifft, so habe ich mich, nach meinem vorjährigen großen Übel, ganz leidlich erholt und diesen Sommer fünf, meist regnigte und unangenehme Wochen in Pyrmont; dagegen fünf sehr lehrreiche und zufriedene in Göttingen zugebracht.*

135 WA IV.15, 277–278.
136 Friedrich Heinrich Jacobi (1743–1819), Schriftsteller und mit Goethe befreundet, hatte ein Landgut in Pempelfort/Düsseldorf, in der Nähe des heutigen Goethe-Museums (heute Areal des Künstlervereins Malkasten).
137 WA IV.15, 278–283.

Es ist gar zu angenehm, auf einem solchen Meere des Wissens, nach allen Gegenden, die uns interessiren, mit Leichtigkeit, hinsegeln zu können. [Hervorhebung durch den Verf.]

Das alte poetisch-wissenschaftliche Wesen, das du an mir kennst, fahre ich eben fort auszubilden. Man lernt mehr einsehen, indem man weniger leistet, und so hat jede Jahrszeit des Lebens ihre Vortheile und ihre Nachtheile.

[...]

Weimar am 23. Nov. 1801. *G.*

Nr. 4442. An Jeremias David Reuß [Bibliothekar, s. Kap. 9] vom 24. November 1801.[138]

Ew. Wohlgeb.

setzen durch die Nachricht, daß Rizetti für mich erstanden worden, diejenige Gefälligkeit fort, durch welche Sie mir meinen Aufenthalt in Göttingen, über meine Wünsche, nutzbar zu machen gewußt haben. Darf ich bitten das Buch zu denen übrigen hinzuzufügen, welche aus der Kästnerischen Auction allenfalls für mich erstanden werden.

Zugleich wünschte ich daß Sie mir Bullialdum[139] de lumine, *aus den Schätzen Ihrer Bibliothek, alsdann auf einige Zeit anvertrauten.*

Mit vielen Empfehlungen an das Heynische und Blumenbachische Haus und Versicherungen meiner ausgezeichneten Dankbarkeit wünsche ich recht wohl zu leben.

Weimar am 24. Nov. 1801. *J. W. v. Goethe.*

Nr. 4459 An C. G. Heyne. Dezember 1801. [Concept.][140]

Ew. Wohlgeb.

könnte ich wohl für die vielen bey meinem Aufenthalte in Göttingen und nach meiner Abreise erzeigten Gefälligkeiten keinen für beyde erfreulichern Gegendienst leisten als wenn ich in diesem Briefe die Ankunft unserer gnädigsten regierenden Herzogin in Göttingen

138 WA IV.15, 285.
139 Werk des Physikers Bullialdus.
140 WA IV.15, 300–301.

melde, die ihrer Frau Schwester dort zu begegnen sich zu einer Winterreise gern entschlossen hat.

So ungünstig die Jahreszeit ist, wünscht sie doch die so vorzüglichen Anstalten daselbst kennen zu lernen, und es freut mich um so mehr, wenn ich auch nur mich selbst betrachte, auch künftig in Weimar einen gültigen Zeugen mehr zu haben, wenn manchem das was ich von Göttingen prädicire übertrieben scheinen möchte. Denn ich bin gewiß überzeugt, daß unsere so gründlich unterrichtete und an allem Guten und Schönen theilnehmende Fürstin leider mit einer gewissen Unruhe von dort abreisen und diejenigen glücklich schätzen wird, die längere Muße haben an Ihrer Anstalt Theil zu nehmen, deren Werth man wohl fühlen kann, den zu beurtheilen aber niemand wohl ohne die größte Anmaßung wagen dürfte.

Zur Versicherung meiner dankbaren Ergebenheit füge ich nicht hinzu als den Wunsch bald wieder unter Ihre nostros *zu gehören.*

Offensichtlich nach einer Mahnung Heynes schickte Goethe ausgeliehene Bände nach Göttingen zurück – mit folgendem Brief:

Nr. 5112. An Heyne.[141]

Ew Wohlgeb.
erhalten mit vielem Dancke die aus Ihrem Bücherschatze mir anvertrauen Bände zurück, nebst der Bitte, mir auch künftig einen so schätzenswerthen litterarischen Beystand nicht zu versagen.

Der Antheil, den Ew. Wohlgeb. an Winckelmanns Briefen[142] *genommen, ist mir höchst erfreulich und erinnert mich an die schönen Stunden, in denen ich unter mancherley heitern Gesprächen auch dieser Überbleibsel gegenwärtig gedachte. bewahren Sie beykommendes Exemplar zu meinem Andencken und erhalten mir Neigung und Gewogenheit.*

Weimar d. 2. Juli 1805.

Goethe.

141 WA IV.19, 23.
142 Goethe (Hg.): Winckelmann und sein Jahrhundert. In Briefen und Aufsätzen. Tübingen 1805.

6. Zur Kur in Pyrmont – Goethes Reisebericht mit Erläuterungen

Getrunken, gebadet ... Die Gesellschaft ist unterhaltend und mitunter bedeutend ...

Über Goethes Erkrankung zu Beginn des Jahres 1801 wurde bereits berichtet (Kap. 2). Über Pyrmont hatte er schon 1776/77 durch Charlotte von Stein erfahren, die sich in den Jahren 1773 bis 1776 regelmäßig zur Kur in dem bekannten Bade aufhielt. In seinen Briefen an sie erwähnt er Pyrmont mehrmals:[143] *Wan Sie in Pirmont ist liebe Frau, so trincke Sie ja wenn der Morgen hübsch ist das erste glas auf Göthens, und meine Gesundheit.* (28. Juni 1776)

Auch der Herzog Carl August weilte 1785 in Pyrmont. Goethe schrieb ihm:[144] *Möge Reise und Cur Ihnen und Ihrer Frau Gemahlinn recht wohl bekommen! Bringen Sie uns alsdann noch einen geschickten Arzt mit; so werden wir mancher Sorge überhoben seyn.* (aus Karlsbad am 15. August 1785)

Am Freitag, den 12. Juni 1801, verließ Goethe mit Sohn August und dem Diener und Sekretär Geist am Mittag in seiner Reisekutsche die Universitätsstadt Göttingen, übernachtete in Einbeck im Gasthof Kronprinz beim Wirt Meyer und kam am Sonnabend, den 13. Juni, nachdem er bei Grohnde die Weser überquert hatte, über Welsede und Thal nach Pyrmont.

Alle diese Informationen lassen sich Goethes Tagebuch für das Jahr 1801[145] entnehmen, in dem die *Reise nach Göttingen und Pyrmont* sogar noch speziell im Inhaltsverzeichnis

143 WA IV.3, 83.
144 WA IV.7, 74_{18-21}.
145 WA III.3, 15–22.

der zitierten Weimarer Ausgabe von 1889 ausgewiesen ist. Goethe selbst vermerkte dazu:[146]

5. [Juni] *Abreise von Weimar nach Pyrmont.*

N.B. Die Lücke des Tagbuchs wird durch ein vollständiges Tagebuch ausgefüllt. S. ein besondres Fascikel Ackten.

Diese Aufzeichnungen bildeten auch die Grundlage für seinen ausführlichen Text in den *Tag- und Jahres-Heften*, der im folgenden zitiert wird. Um 1816 faßte Goethe den Entschluß, seine Lebenserinnerungen, abgesehen von *Dichtung und Wahrheit*, die mit der Ankunft in Weimar 1775 enden, ausführlicher darzustellen. Entstanden sind diese *Annalen* für das Jahr 1801 an 17 Tagen in den Jahren 1819, 1824 und 1825 – Goethe hat sie seinen Schreibern (Sekretären) diktiert –, wie die Herausgeber und Bearbeiter der Weimarer Ausgabe feststellten (s. auch zu Beginn von Kap. 2)[147] – also zwanzig und mehr Jahre nach dem Kuraufenthalt.

Zwischen die halbbrüchig beschriebenen Blätter sind u. a. eingeheftet: aus *Pyrmont* die Kurlisten, polizeiliche Brunnen-Verordnungen, Adressen und Preislisten auswärtiger Kaufleute, Feuerwerksprogramme, ein Brief von Lotte Kestners Sohn, dem Arzt und Privatdozenten Theodor Kestner, nach Pyrmont im Auftrage der Mutter mit der Anfrage, ob er, Goethe, auf der Rückreise über Hannover reisen würde; Theaterzettel aus Pyrmont und ein Verzeichnis der in Pyrmont aufgetretenen Schauspieler mit den von ihnen gespielten Rollen, »in der Absicht, bei jedem seine Beobachtungen in Form kurzer Kritik anzufügen, jedoch ist dieses Vorhaben nicht ausgeführt« worden.

Der folgende Reisebericht Goethes[148] beginnt mit der Abreise in Göttingen und endet mit dem erneuten Eintreffen in der Universitätsstadt. Falls zum Verständnis des Textes unmittelbar erforderlich, werden kurze Erläuterungen bzw. Hinweise als Fußnoten gegeben, »steil« (d. h. nicht kursiv) geschriebene Orte und Personen werden im Anschluß an den Goethe-Text ausführlicher erläutert:

146 WA III.3, 15_{2-4}.
147 WA III.3, 425.
148 WA I.35, 98_{17}–106_{12}.

Und so entfernte ich mich den 12. Juni von diesem einzig bedeutenden Orte, in der angenehm beruhigenden Hoffnung, mich zur Nachcur länger daselbst aufzuhalten.

Der Weg nach Pyrmont bot mir neue Betrachtungen dar: das Leinetal mit seinem milden Charakter erschien freundlich und wöhnlich; die Stadt Einbeck, deren hoch aufstrebende Dächer mit Sandsteinplatten gedeckt sind, machte einen wundersamen Eindruck. Sie selbst und die nächste Umgegend mit dem Sinne Zadigs[149] *durchwandelnd, glaubt' ich zu bemerken, daß sie vor zwanzig, dreißig Jahren einen trefflichen Burgemeister müsse gehabt haben. Ich schloß dieß aus bedeutenden Baumpflanzungen von ungefähr diesem Alter.*

In Pyrmont bezog ich eine schöne, ruhig gegen das Ende des Orts liegende Wohnung[150] *bei dem Brunnencassiere*[151], *und es konnte mir nichts glücklicher begegnen als daß* Griesbachs *ebendaselbst eingemiethet hatten, und bald nach mir ankamen. Stille Nachbarn, geprüfte Freunde, so unterrichtete als wohlwollende Personen tragen zur ergötzlichen Unterhaltung das Vorzüglichste bei. Prediger* Schütz *aus Bückeburg, jenen als Bruder und Schwager, und mir als Gleichniß seiner längst bekannten Geschwister höchst willkommen, mochte sich gern von allem was man werth und würdig halten mag, gleichfalls unterhalten.*

Hofrath Richter *von Göttingen, in Begleitung des augenkranken Fürsten* Sanguszko, *zeigte sich immer in den liebenswürdigsten Eigenheiten, heiter auf trockne Weise, neckisch und neckend, bald ironisch und paradox, bald gründlich und offen.*

Mit solchen Personen fand ich mich gleich anfangs zusammen; ich wüßte nicht, daß ich eine Badezeit in besserer Gesellschaft gelebt hätte, besonders da eine mehrjährige Bekanntschaft ein wechselseitig duldendes Vertrauen eingeleitet hatte.

Auch lernte ich kennen Frau von Weinheim, *ehemalige Generalin* von Bauer, *Madame* Scholin *und* Raleff, *Verwandte von Madame* Sander *in Berlin. Anmuthige und liebenswürdige Freundinnen machten diesen Cirkel höchst wünschenswerth.*

149 Zadig, philosophischer Kurzroman Voltaires (1747; dtsch. 1748, 1961 »Zadig oder Das Schicksal«).

150 Heute Hotel-Pension Goethe-Haus, Am Hylligen Born 6 (mit Gedenktafel).

151 Namens Voigt.

Leider war ein stürmisch-regnerisches Wetter einer öftern Zusammenkunft im Freien hinderlich; ich widmete mich zu Hause der Übersetzung des Theophrast[152] *und einer weitern Ausbildung der sich immermehr bereichernden Farbenlehre.*

Die merkwürdige Dunsthöhle *in der Nähe des Ortes, wo das Stickgas*[153]*, welches mit Wasser verbunden so kräftig heilsam auf den menschlichen Körper wirkt, für sich unsichtbar eine tödtliche Atmosphäre bildet, veranlaßte manche Versuche, die zur Unterhaltung dienten. Nach ernstlicher Prüfung des Locals und des Niveaus jener Luftschicht konnte ich die auffallenden und erfreulichen Experimente mit sicherer Kühnheit anstellen. Die auf dem unsichtbaren Elemente lustig tanzenden Seifenblasen, das plötzliche Verlöschen eines flackernden Strohwisches, das augenblickliche Wiederentzünden, und was dergleichen sonst noch war, bereitete staunendes Ergötzen solchen Personen, die das Phänomen noch gar nicht kannten, und Bewunderung, wenn sie es noch nicht im Großen und Freien ausgeführt hatten. Und als ich nun gas dieses geheimnißvolle Agens, in Pyrmonten Flaschen gefüllt, mit nach Hause trug und in jedem anscheinend leeren Trinkglas das Wunder des auslöschenden Wachsstocks*[154] *wiederholte, war die Gesellschaft völlig zufrieden und der unglaubige Brunnenmeister so zur Überzeugung gelangt, daß er sich bereit zeigte, mir einige dergleichen wasserleere Flaschen den übrigen gefüllten mit beizupacken, deren Inhalt sich auch in Weimar noch völlig wirksam offenbarte.*

Der Fußpfad nach Lüdge*, zwischen abgeschränkten Weideplätzen her, ward öfters zurückgelegt. In dem Örtchen, das einigemal abgebrannt war, erregte eine desperate Hausinschrift unsere Aufmerksamkeit; sie lautet:*

Gott segne das Haus!
Zweimal rannt' ich heraus,
Denn zweimal ist's abgebrannt,
Komm' ich zum drittenmal gerannt,
Da segne Gott meinen Lauf,
Ich bau's wahrlich nicht wieder auf.

152 Theophrast (372–287 v. Chr.), griech. Philosoph u. Naturforscher, Schüler des Aristoteles.

153 Gemeint ist Kohlen(stoff)dioxid, in dessen Atmosphäre die Kerze (Wachsstock) erlischt.

154 Durch das Kohlen(stoff)dioxid.

Rektor Johann Reinhard Werner
(s. biographisches Personenverzeichnis, S. 152)
Die Originale der Pyrmont betreffenden Abbildungen
sind sämtlich im Besitz des Museums im Schloß Pyrmont.

Das Franciscaner-Kloster *ward besucht und einige dargebotene Milch genossen. Eine uralte Kirche außerhalb des Ortes gab den ersten unschuldigen Begriff eines solchen früheren Gotteshauses mit Schiff und Kreuzgängen unter Einem Dach bei völlig glattem unverziertem Vordergiebel. Man schrieb sie den Zeiten Karls des Großen zu, auf alle Fälle ist sie für uralt zu achten, es sei nun der Zeit nach, oder daß sie die uranfänglichen Bedürfnisse jener Gegend ausspricht.*

Mich und besonders meinen Sohn überraschte höchst angenehm das Anerbieten des Rectors Werner *uns auf den sogenannten* Krystallberg *hinter* Lüdge *zu führen, wo man bei hellem Sonnenschein die Äcker von tausend und aber tausend kleinen Bergkrystallen widerschimmern sieht. Sie haben ihren Ursprung in kleinen Höhlen eines Mergelsteins, und sind auf alle Weise merkwürdig als ein neueres Erzeugniß, wo ein Minimum der im Kalkgestein enthaltenen Kieselerde, wahrscheinlich dunstartig befreit, rein und wasserhell in Krystalle zuammentritt.*

Ferner besuchten wir die hinter dem Königsberge *von Quäkern angelegte wie auch betriebene Messerfabrik, und fanden uns veranlaßt, ihrem ganz nah bei Pyrmont gehaltenen Gottesdienst mehrmals beizuwohnen, dessen, nach langer Erwartung, für improvisirt gelten sollende Rhetorik kaum jemand das erstemal, geschweige denn bei wiederholtem Besuch, für inspirirt anerkennen möchte. Es ist eine traurige Sache, daß ein reiner Cultus jeder Art, sobald er an Orte beschränkt und durch die Zeit bedingt ist, eine gewisse Heuchelei niemals ganz ablehnen kann.*

Die Königin von Frankreich, *Gemahlin Ludwig des XVIII, unter dem Namen einer* Gräfin Lille, *erschien auch am Brunnen, in weniger aber abgeschlossener Umgebung.*

Bedeutende Männer habe ich noch zu nennen: Consistorialrath Horstig *und Hofrath* Marcard, *den letztern als einen Freund und Nachfolger Zimmermanns.*

Das fortdauerende üble Wetter drängte die Gesellschaft öfters in's Theater. Mehr dem Personal als den Stücken wendete ich meine Aufmerksamkeit zu. Unter meinen Papieren find' ich noch ein Verzeichniß der sämmtlichen Namen und der geleisteten Rollen; der zur Beurtheilung gelassene Platz hingegegen ward nicht ausgefüllt. Iffland und Kotzebue thaten auch hier das Beste, und Eulalia, wenn man schon wenig von der Rolle verstand, bewirkte doch, durch einen sentimental-tönend weichlichen Vortrag, den größten Effext; meine Nachbarinnen zerflossen in Thränen.

Was aber in Pyrmont apprehensiv[155] *wie eine böse Schlange sich durch die Gesellschaft windet und bewegt, ist die Leidenschaft des* Spiels *und was daran bei einem jeden, selbst wider Willen, erregte Interesse. Man mag um Wind und Wetter zu entgehen in die Säle selbst treten, oder in bessern Stunden die Allee auf und ab wandeln, überall zischt das Ungeheuer durch die Reihen; bald hört man, wie ängstlich eine Gattin den Gemahl nicht weiter zu spielen anfleht, bald begegnet uns ein junger Mann, der in Verzweiflung über seinen Verlust die Geliebte vernachlässigt, die Braut vergißt; dann erschallt auf einmal ein Ruf gränzenloser Bewunderung: die Bank sei gesprengt! Es geschah dießmal wirklich in Roth und Schwarz. Der vorsichtige Gewinner setze sich alsbald in eine Postchaise, seinen unerwartet erworbenen Schatz bei nahen Freunden und Verwandten in Sicherheit zu bringen. Er kam zurück, wie es schien mit mäßiger Börse, denn er lebte stille fort, als wäre nichts geschehen.*

Nun aber kann man in dieser Gegend nicht verweilen, ohne auf jene Urgeschichten hingewiesen zu werden, von denen uns römische Schriftsteller so ehrenvolle Nachrichten überliefern. Hier ist noch die Umwallung eines Berges sichtbar, dort eine Reihe von Hügeln und Thälern, wo gewisse Heereszüge und Schlachten sich hatten ereignen können. Da ist ein Gebirgs-, ein Ortsname, der dorthin Winke zu geben scheint; herkömmliche Gebräuche deuten sogar auf die frühesten roh feiernden Zeiten, und man mag sich wehren und wenden wie man will, man mag noch so viel Abneigung beweisen, vor solchen aus den Ungewissen in's Ungewissere verleitenden Bemühungen, man findet sich wie in einem magischen Kreise befangen, man identificirt das Vergangene mit der Gegenwart, man beschränkt die allgemeinste Räumlichkeit auf die jedermals nächste und fühlt sich zuletzt in dem behaglichsten Zustande, weil man für einen Augenblick wähnt, man habe sich das Unfaßlichste zur unmittelbaren Anschauung gebracht.

Durch Unterhaltungen solcher Art, gesellt zum Lesen von so mancherlei Heften, Büchern und Büchelchen, alle mehr oder weni-

155 Reizbar, furchtsam.

ger auf die Geschichte von Pyrmont und die Nachbarschaft bezüglich, ward zuletzt der Gedanke einer gewissen Darstellung in mir rege, wozu ich nach meiner Reise sogleich ein Schema verfertigte.

Das Jahr 1582, *wo auf einmal ein wundersamer Zug aus allen Weltgegenden nach Pyrmont hinströmte, und die zwar bekannte aber noch nicht* hochberühmte Quelle *mit unzähligen Gästen heimsuchte, welche bei völlig mangelnden Einrichtungen sich auf die kümmerlichste und wunderlichste Art behelfen mußten, ward als prägnanter Moment ergriffen und auf einen solchen Zeitpunct, einen solchen unvorbereiteten Zustand vorwärts und rückwärts ein Mährchen erbaut, das zur Absicht hatte, wie die* Amusemen[t]s des eaux de Spaa[156], *sowohl in der Ferne als der Gegenwart eine unterhaltende Belehrung zu gewähren. Wie aber ein so löbliches Unternehmen unterbrochen und nicht zuletzt aufgegeben worden, wird aus dem Nachfolgenden deutlich werden. Jedoch kann ein allgemeiner Entwurf unter andern kleinen Aufsätzen dem Leser zunächst mitgetheilt werden.*

Ich hatte die letzten Tage bei sehr unbeständigem Wetter nicht auf das angenehmste zugebracht und fing an zu fürchten, mein Aufenthalt in Pyrmont würde mir nicht zum Heil gedeihen. Nach einer so hochentzündichen Krankheit mich abermals im Brownischen[157] *Sinne einem so entschieden anregenden Bade zuzuschicken, war vielleicht nicht ein Zeugniß richtig beurtheilender Ärzte. Ich war auf einen Grad reizbar geworden, daß mich Nachts die heftigste Blutsbewegung nicht schlafen ließ, bei Tage das Gleichgültigste in einen excentrischen Zustand versetzte.*

[Im Zusammenhang mit seiner Erkrankung (s. Kap. 2) äußerte sich Goethe auch über die damaligen Lehren des Arztes Brown:

Damals hatte das Brownische Dogma ältere und jüngere Mediciner ergriffen; ein junger Freund, demselben ergeben, wußte von der Erfahrung, daß Peruvianischer Balsam, verbunden mit Opium und Myrrhen, in den höchsten Brustübeln einen augenblicklichen

156 Gemeint ist *Spa*, das belgische Heilbad in den Ardennen, dessen Heilquellen seit dem 16. Jahrhundert bekannt sind.

157 John Brown (1735–1788), Mediziner, Professor in Edinburgh.

Stillstand verursache und dem gefährlichen Verlauf sich entgegensetze. Er rieth mir zu diesem Mittel, und in dem Augenblick war Husten, Auswurf und alles verschwunden.[158] In einem Entwurf für die »Tag- und Jahreshefte 1801« lesen wir die weniger günstige Fortsetzung der augenblicklich scheinbaren Heilung, welche die *Brownische* Methode charakterisiert:[159] *Zu Anfang des Jahrhunderts überfiel mich eine grimmige Krankheit. Von Jena, wo ein Brownianer mir einen starken Katarrh unbesonnen zurückgetrieben hatte, kaum nach Weimar gelangt, fand ich mich in ein höchst gefährliches, vierzehn Tage lang heftiges Übel verwickelt; ...]*

Der Herzog mein gnädigster Herr kam den 9. Juli in Pyrmont an, ich erfuhr, was sich zunächst in Weimar zugetragen und was daselbst begonnen worden; aber eben jener aufgeregte Zustand ließ mich einer so erwünschten Nähe nicht genießen. Das fortdauernde Regenwetter verhinderte jede Geselligkeit im Freien; ich entfernte mich am 17. Juli, wenig erbaut von den Resultaten meines Aufenthalts.

Durch Bewegung und Zerstreuung auf der Reise, auch wohl wegen unterlassenen Gebrauchs des aufregenden Mineralwassers, gelangt' ich in glücklicher Stimmung nach Göttingen ...[160]

Eine Burg *Piremont* wurde in einer Urkunde des Papstes Lucius III. (1181–1185) bereits 1184 genannt, deren Name offensichtlich von »Petri mons« (Petersberg, Burg des Apostels Petrus) stammt.

Die Gesellschaft, mit der Goethe in Pyrmont verkehrte, wurde von Walther Lampe im Goethe-Jahr 1949 ausführlich beschrieben[161]:

»Johann Jakob *Griesbach* (1745–1812) stammte, wie Goethe, aus Frankfurt, verbrachte mit ihm die Leipziger Studentenzeit und wurde 1775 Professor für die Kritik des neutestamentlichen Textes in Jena. [...] Mit seinem alten Freunde Griesbach unterhielt sich Goethe über die Kritik der

158 WA I.35, 88_{15-23}.
159 WA I.35, 293_{1-5}.
160 Fortsetzung des Textes in den Kapiteln 2 und 3 als Zitate eingebunden.
161 W. Lampe: Goethe in Pyrmont, Bad Pyrmont 1949 (Exemplar im Stadtarchiv von Bad Pyrmont).

biblischen Schriften, mehrfach disputierte er mit ihm und dem ebenfalls im gleichen Hause wohnenden Prediger Johann Gottfried *Schütz* (1769–1848) aus Bückeburg[162], dem Bruder der Frau Professor Griesbach, über die sogenannte Refraktionslehre, die sich mit der Brechung der Lichtstrahlen befaßt. [...] Der von ihm so sehr geschätzte Hofrat August Gottlieb *Richter*, der hervorragendste Chirurg seiner Zeit, zeigte sich auch dieses Mal in allen seinen liebenswürdigen Eigenschaften. Außerdem weilte seit dem 18. Mai im Schlosse zu Pyrmont die *Königin von Frankreich*, die Gattin des Bourbonen Ludwig XVIII.[163], *Maria Louise Josephine von Sardinien* (1753–1810), unter dem Namen einer *Gräfin von Lille*, die er in weniger, aber abgeschlossener Umgebung, und zwar in Gesellschaft der Gräfin von Narbonne, des Herzogs von Pienne, des Barons von Milleville, des Abbé Barbelenet und des Doktor Collignon am Brunnen traf. Desgleichen war der seinerzeit berühmte treue Kammerdiener Ludwigs XVI. *Clery* in Pyrmont ...

Zu Goethes engerer Gesellschaft gehörten sodann der kaiserlich-russische Oberst und Flügeladjudant Graf Friedrich Adolf Egmont *von Chasot* (1753–1813) und Frau Elisabeth Bertha Albertine geb. von Gansauge, die bei dem tüchtigen, um Pyrmont so verdienten Geheimrat Dr. *Trampel* wohnten, wo Goethe sie am 25. Juni abends besuchte. [...] Weiter gehörte dazu der Kriminalrat Gotthelf Eberhard *Schmaling* aus Halberstadt, der sich nach Jahren am 11. Oktober 1807 an Goethe wegen der Ausbildung seines Sohnes im Forstfach wandte und dem Goethe am 2. November 1807 sehr entgegenkommend antwortete. Dazu traten der sehr gelehrte, ja genialische erst 38jährige Konsistorialrat und bedeutende Stenograph Karl Gottlieb *Horstig* (1763–1835) mit Frau Christine geb. d'Aubigny von Engelbronnen aus Bückeburg, die am 28. Juni ankamen, und der berühmte Brunnenarzt, Hofmedikus Henrich Matthias *Marcard* (1747–1817), der Freund

162 S. auch im Brief an Schiller vom 12. Juni 1801, Kap. 8.

163 Ludwig XVIII. (1755–1824), König erst ab 1814/15, errichtete eine konstitutionelle Monarchie, Bruder Ludwig XVI. (hingerichtet 1793), weilte während der Französischen Revolution in Koblenz.

und Nachfolger Zimmermanns[164]. Zudem scharte sich eine ganze Reihe von Damen um den Dichter, so die Baronin von *Weinheim*, die ehemalige Generalin von Bauer, Johanne Henriette *Dangers* geb. Niemann, die Gattin des Professors der Medizin Christ. Wilh. Dangers (1770–1806) aus Rinteln[165] und aus dem eingesessenen Pyrmonter Kreise Dorothea Caroline *Scholing* geb. Diederichs (Goethe schrieb: Scholin . . .), seit dem 30. April 1775 die Gattin des Landrentmeisters Heinrich Scholing, . . ., welcher ein eigenes stattliches Haus unten an der Allee in Pyrmont besaß, das noch heute den Namen ›Haus Scholing‹[166] trägt. Hinzu kamen die Schwestern der letzteren, Frau Amtsschreiber *Ratlef* (Goethe: Raleff) und als Tochter der Frau Scholing, die Frau Hauptmann *von Breitenbauch*. Diese beiden Frauen waren verwitwet. Die Frauen Scholing und Ratleff waren Töchter des Brunnenkommissarius Diederichs, ebenso wie die nicht anwesende Frau Sophie Sander, die Gattin des Berliner Buchhändlers Joh. Daniel Sander (1759–1825), der als Verleger z. B. von Kotzebue viel genannt ist. Durch dieses Ehepaar Sander, welches Goethe von einem Besuch der Leipziger Messe im Jahre 1800 her kannte und bei deren Töchterchen er noch im November 1801 gezwungenermaßen Pate stehen mußte, hatte er bereits Beziehungen zu den *Pyrmonter Damen*, von denen er sagte: ›Anmutige und liebenswürdige Freundinnen machten den Zirkel höchst wünschenswert.‹«

Von Goethes Pyrmonter Kur stammen zwei Stammbuchblätter, die in Goethes Gedichtsammlung aufgenommen wurden:

Pyrmont, den 15. Juli 1801.
Weise die Rose nicht ab von deinem Busen, sie blühet
Noch auf der Wange dir, noch in dem Herzen dir auf.[167]

164 Johann Georg Ritter v. Zimmermann (1728–1795), Mediziner und Philosoph, großbrit. Leibarzt und Hofrat in Hannover.

165 Die Universität Rinteln bestand von 1610 bis 1810, Dangers promovierte 1792 in Göttingen zum Dr. med.

166 Kirchstraße 22, Haus »Güldener Pfennig« korrig. Lebensdaten der Familie Scholing s. in Kap. 9.

167 WA I.4, 232 Nr. 1.

Das Orginalstammbuchblatt soll in der Hirzelschen Sammlung der Universität Leipzig erhalten geblieben sein. Es handelt sich um ein Albumblatt im Oktavformat der Firma Wiederhold in Göttingen. Erstmals gedruckt wurde es 1874 im »Neuesten Verzeichnis einer Goethe-Bibliothek«, erschienen in Leipzig.[168] Es soll der Frau Caroline Scholing gewidmet gewesen sein. Tischbein hatte sie gemalt, und ihr Bildnis erinnerte an Charlotte Buff.

Auf einem Zettel (im Privatbesitz) notierte Goethe folgenden Text:[169]

Liebe theilet die Freud' und den Schmerz und fühlt sich nur Liebe.

Pyrmont, d. 15. Juli 1801. *Goethe.*

In seinen Tagebuchaufzeichnungen äußert sich Goethe über einige Personen noch ausführlicher als in den Tag- und Jahres-Heften – so z. B. über die spätere *Königin von Frankreich*, Marie Louise Josephine von Sardinien, verheiratet mit dem damaligen Grafen von Provence, Stanislaus Xaver, dem später König Ludwig XVIII.:

Die Königin von Frankreich unter dem Namen der Gräfin von Lille, wohnt auf dem kleinen Schlosse, man sagt, sie erhalte nichts von ihrem Gemahl, der König von Spanien zahle ihr 30.000 rthlr., wovon sie vieles auf unglücklich Ausgewanderte verwende.[170]

Zur Zeit von Goethes Kur fand der Zweite Koalitionskrieg (1799–1802) Frankreichs unter Führung Napoleon Bonapartes (1. Konsul, ab 1804 Kaiser) gegen Österreich (im Bündnis mit England, Rußland und der Türkei) und Preußen statt. In Spanien herrschte Karl IV. (1748–1819, König von 1788 bis 1808), Sohn Karl III. von Bourbon. Mit den *unglücklich Ausgewanderten* meint Goethe die nach der Französischen Revolution 1789 geflohenen Adeligen. In seinem Tagebuch vermerkte Goethe am Sonntag, den 28. Juni: *Früh war die Gräfin Lille zum erstenmal am Brunnen erschienen.*

168 WA I.5.2, 137.
169 WA I.5.2, 361 Nr. 15.
170 WA III.3, 23_{1-5}.

Frontispiz zur „Description de Pyrmont“
von Marcard (1785)

Zu Goethes Bekanntenkreis zählte auch der damalige Hofrat *Marcard* – eigentlich Fürstlich Waldeckischer Geheimrat Dr. Heinrich Matthias Marcard. Sein Vorgänger Dr. Seip (1686–1757), der Entdecker der Dunsthöhle (s. nächstes Kapitel), trug noch eine gepuderte Allongeperücke mit auf die Schultern wallender Lockenpracht, sein Nachfolger dagegen einen Zopf. Marcard, der in Göttingen studiert hatte, verfaßte eine zweibändige Beschreibung der Quellen und ihrer Anwendungsmöglichkeiten, die 1785 auch in einer französischen Übersetzung erschien. Marcard praktizierte jedoch nur in den Sommermonaten in Pyrmont, die übrige Zeit des Jahres lebte er in der kurfürstlichen Residenz in Hannover. In Pyrmont wirkte jedoch schon der Brunnenarzt Dr. *Trampel*, als Marcard durch den Fürsten v. Waldeck zum Leiter der gesamten Badeverwaltung ernannt wurde, wodurch es auch zu Streitigkeiten zwischen beiden kam. Goethe lernte Marcard am 30. Juni 1801 zusammen mit dem Konsistorialrat Horstig und dessen Frau kennen.

Im Nachtrag zu den »Tag- und Jahres-Heften als Ergänzung meiner sonstigen Bekenntnisse« finden wir unter dem Titel »Biographische Einzelheiten«[171] Goethes »Pyrmonter Novelle«[172]:

Aufenthalt *in Pyrmont.*
1801.

Hierbei wäre nachträglich zu bemerken, daß ich daselbst eine sehr weitschichtige Arbeit concipirte.

Im Jahre 1582 begab sich auf einmal aus allen Welttheilen eine lebhafte Wanderschaft nach Pyrmont, einer damals zwar bekannten aber doch noch nicht hochberühmten Quelle; ein Wunder das niemand zu erklären wußte. Durch die Nachricht hiervon wird ein deutscher wackerer Ritter, der in den besten Jahren steht, aufgeregt; er befiehlt seinem Knappen alles zu rüsten und auf der Fahrt ein genaues Tagebuch zu führen: denn dieser, als Knabe zum Mönch

171 WA I.36, 258–261.
172 Bezeichnung von Walther Lampe in: Goethe in Pyrmont, S. 35, Bad Pyrmont 1949.

bestimmt, war gewandt genug mit der Feder. Von dem Augenblicke des Befehls an enthält sein Tagebuch die Anstalten der Abreise, die Sorge des Hauswesens in der Abwesenheit, wodurch uns denn jene Zustände ganz anschaulich werden.

Sie machen sich auf den Weg und finden unzählige Wanderer die von allen Seiten herzuströmen. Sie sind hülfreich, ordnen und geleiten die Menge, welches Gelegenheit gibt, diese Zustände der damaligen Zeit vor Augen zu bringen. Endlich kommt der Ritter als Führer einer großen Caravane in Pyrmont an, hier wird nun gleich so wie bereits auf dem Wege durchaus das Locale beachtet und benutzt. Es war doch von uralten Zeiten her noch manches übrig geblieben, das an Hermann und seine Genossen erinnern durfte. Die Kirche zur Lüdge, von Karl dem Großen gestiftet, ist hier von höchster Bedeutung. Das Getümmel und Gewimmel wird vorgeführt; von den endlosen Krankheiten werden die widerwärtigen mit wenig Worten abgelehnt; die psychischen aber, als reinlich und wundervoll, ausführlich behandelt, sowie die Persönlichkeit der damit behafteten Personen hervorgehoben. Bezüge von Neigung und mancherlei Verhältnisse entwickeln sich und das Unerforschliche, Heilige machten einen wünschenswerthen Gegensatz gegen das Ruhmwürdige. Verwandte Geister ziehen sich zusammen, Charaktere suchen sich und so entsteht mitten in der Weltwoge eine Stadt Gottes, um deren unsichtbare Mauern das Pöbelhafte nach seiner Weise wüthet und ras't: denn auch Gemeines jeder Art versammelte sich hier: Marktschreier, die besondern Eingang hatten; Spieler, Gauner, die jedermann nur nicht unseren Verbündeten drohten; Zigeuner, die durch wunderbares Betragen, durch Kenntnisse der Zukunft Zutrauen und zugleich die allerbänglichste Ehrfurcht erweckten; der vielen Krämer nicht zu vergessen, deren Leinwand, Tücher, Felle vom Ritter sogleich in Beschlag genommen und dem sittlichen Kreise dadurch ein gedrängter Wohnort bereitet wurde.

Die Verkäufer, die ihre Waare so schnell und nützlich angebracht sahen, suchten eilig mit gleichen Stoffen zurückzukehren, andere speculirten daraus sich und andern Schirm und Schutz gegen Wind und Wetter aufzustellen; genug bald war ein weit sich erstreckendes Lager errichtet, wodurch, bei stetigem Abgange, der Nachfolgende die ersten Wohnbedürfnisse befriedigt fand.

Der Bezirk der edeln Gesellschaft hatte der Ritter mit Pallisaden umgeben und so sich vor jedem physischen Andrang gesichert. Es fehlt nicht an mißwollenden, widerwärtig-heimlichen, trotzig-heftigen Gegenern, die jedoch nicht schaden konnten; denn schon zählte der tugendsame Kreis mehrere Ritter, alt und jung, die sogleich Wache und Polizei anordnen, es fehlt ihm nicht an ernsten geistlichen Männern, welche Recht und Gerechtigkeit handhaben.

Alles dies ward, im Stile jener Zeit, als unmittelbar angeschaut, von dem Knappen täglich niedergeschrieben mit naturgemäßen kurzen Betrachtungen, wie sie einem heraufkeimenden guten Geiste wohl geziemten.

Sodann aber erschienen, Aufsehen erregend, langfaltig, blendend-weiß gekleidet, stufenweise bejahrt, drei würdige Männer: Jüngling, Mann und Greis und traten unversehens mitten in die wohldenkende Gesellschaft.

Selbst geheimnißvoll enthüllten sie das Geheimniß ihres Zusammenströmens und ließen auf die künftige Größe Pyrmonts in eine freundliche Ferne lichtvoll hinaussehen.

Dieser Gedanke beschäftigte mich die ganze Zeit meines Aufenthalts, ingleichen auf der Rückreise. Weil aber, um dieses Werk gehaltvoll und lehrreich zu machen, gar manches zu studiren war und viel dazu gehörte dergleichen zersplitterten Stoff in's Ganze zu verarbeiten, so daß es würdig gewesen wäre von allen Badegästen nicht allein sondern auch von allen deutschen, besonders niderdeutschen Lesern beachtet zu werden, so kam es bald in Gefahr Entwurf oder Grille zu bleiben, besonders da ich meinen Aufenthalt in Göttingen zum Studium der Geschichte der Farbenlehre bestimmte hatte, wovon an seinem Orte gehandelt worden.

So hat dann ein anderer Dichter die Geschichte vom Heiligen Born zu Pyrmont geschrieben – und zwar Wilhelm Raabe (»Der heilige Born«, erschienen 1861). Er verwendete zwei historische Quellen:[173]

»Da ist zuerst der Herr Magister Heinrich Bünting, ein frommer und wohlgelehrter Mann, welcher in seiner ›Newen, vollständigen Braunschweig- und Lüneburgischen Chronika‹ erzählt:

173 Wilhelm Raabe Sämtliche Werke. Im Auftrag der Braunschweigischen Wissenschaftlichen Gesellschaft herausgeben von Karl Hoppe. Dritter Band, S. 63–64, Göttingen 1969.

Brunnenplatz in Pyrmont (W. Wagner, kolorierter Kupferstich, um 1820/30)

›Es brach aber im selbigen Jahr – Eintausendfünfhundert sechsundfünfzig – gegen den Frühling ein Geschrei aus von dem heiligen Brunn in der Grafschaft Pyrmont. – Dieser Brunn ist vor vielen Jahren wegen seiner Kräfte nicht unbekannt gewesen, denn Anno 1502 und die folgenden Jahre etliche Male die Wohlgeborene Frau Margaretha, Geborne von der Lippe, Graf Berharnds Tochter, Graf Johanns des Ältern zu Rittberg Gemahlin, diesen Ort oftmals besucht und dieses Brunns heilsames Wasser zu ihren Leidensgebrechen ersprießlich gebrauchet.‹ …

Wir ziehen einen zweiten Gewährsmann aus der Nacht der Vergessenheit hervor, den Brunnendoctor Herrn Johannes Pyrmontanus, welcher also schreibt:

›Ann 1556 ward dieser heilige Brunnen eines großen Aufsehens, Würden und Namens – und seine Tugend überaus bekannt und ruchbar, also daß er unversehens anfing zu unzähligen Krankheiten nützlich und heilsam gebraucht zu werden.‹

Übereinstimmend wird somit das Jahr 1556 – und nicht 1582 wie bei Goethe – als das Jahr des sogenannten »Wundergeläufs« genannt. In der Brunnenstraße befindet sich dazu an einem der Fachwerkhäuser, dem »Alten Fritz« über dem Erkerfenster folgende Inschrift: »ano Christi 1556 Ist Ein Gros Tholauff Nach dem Heiligen Brun ewesen Nicht Weit vom Sloß Pirmont Viell krancke Sein worden Gesundt Beide Fru u ma wie god de Gnad gav.«

Zu dieser Zeit gehörten Schloß und Grafschaft Pyrmont dem Grafen Philipp von Spiegelberg. Von 1558 bis 1583 waren sie im Besitz der Grafen zur Lippe, denen die Grafen von Gleichen folgten. Der letzte Graf dieses Geschlechtes, Hans-Ludwig, trat 1625 die Grafschaft an das Haus Waldeck ab, das sie bis 1918 besaß.[174]

Zu den Quellen für seinen »Stoff« schrieb Goethe lediglich *von so mancherlei Heften, Büchern und Büchelchen alles mehr*

174 Joachim Garfs: Begegnung mit Pyrmont. Ursprung – Vergangenheit – Gegenwart, Bad Pyrmont, [5]1988.

oder weniger auf die Geschichte von Pyrmont und die Nachbarschaft bezüglich ... (s. Reisebericht).

»Forscherfleiß hat diese Bücher und Büchelchen in alten Archiven aufgestöbert, und wenn man nun Titel aufzählen darf wie diese: Pyrmonts Denkwürdigkeiten, Eine Skizze für Reisende und Kurgäste, Leipzig 1800, bei Hans Wilhelm Küchler und Beschreibung von Pyrmont von Heinrich Matthias Marzard, Leipzig 1784/85 bey Weidmanns Erben und Reich, oder man liest im Tagebuch des Dichters von dem Eindruck, den etwa eine jene Pilgerfahrt von 1582 behandelnde Erzählung von Heinrich Bünting in der ›Braunschweigischen und Lüneburger Chronik‹ (Magdeburg 1620) auf ihn gemacht hat, so kann man sich gut den bedächtigen, sorgfältig gekleideten Mann vorstellen, wie er, diese alten Folianten und Pappbände im Arm, die Alleen Pyrmonts durchwandelt hat und nach einem stillen Platz zu ungestörtem Lesen sucht.«[175]

In diesem Text scheinen sich jedoch »Forscherfleiß« und Phantasie zu vermischen. Tatsache ist, daß in Goethes Tagebuch der Name Bünting nicht erwähnt wird, sondern in Raabes Novelle vorkommt (s. o.).

»Der Buchhändler Christian Dietrich Helwing aus Hannover hatte damals in Pyrmont auf der großen Allee in einer ›Boutike‹ eine Filiale eröffnet, wo es die Brunnenliste mit verschiedenen Zeitungen zu kaufen gab, und wo Goethe die Ethik von dem Göttinger Philosophen Christoph Meiners (1747–1810) fand, welche gerade 1801 erschienen war und deshalb von ihm besonders erwähnt wird.«[176]

Im seinem Tagebuch vermerkte Goethe dazu:[177] *Mittwoch am 11ten Juli. Getrunken, gebadet. Besichtigung der Quartiere.*[178] *Nachmittags im Buchladen. Meiners Ethik*[179]. *Sammlung der Preis- und einiger andern Schriften, über die von der Academie vorgelegte*

175 Aus Ludwig Sternaux: Schattenspiel um Goethe, zitiert nach W. Lampe, Fußnote 161.
176 W. Lampe, Fußnote 161.
177 WA III.3, 26_{7-16}.
178 Für den angekündigten Besuch des Herzogs aus Weimar.
179 Allgemeine Geschichte der älteren und neuern Ethik.

Frage: Wie weidie alten Römer in Deutschland eingedrungen? *Berlin 1750. Die Abhandlung des Pastor Fein zu Hameln, welche den Preis erhalten hat, enthält besonders über die Gegend von der Weser bis Detmold recht gute Aufklärungen und plausible Hypothesen in Absicht dessen, was hier vorgefallen seyn möchte.*

7. Goethe-Orte in und um Pyrmont

Die Lage um Pyrmont ist sehr angenehm …

Anhand von Goethes Tagebuchaufzeichnungen können wir den Aufenthalt in Pyrmont fast von Tag zu Tag verfolgen und auf diese Weise auf seinen Text in den Tag- und Jahresheften erläuternd zurückkommen sowie eine Spurensuche in unserer Zeit durchführen.[180]

Am Sonnabend, den 13. Juni 1801 setzte Goethe in seiner Kutsche bei Grohnde über die Weser und vermerkte in seinem Tagebuch: *Durch einen Eichenwald von einer Anhöhe nach Wilsa* [Welsede]*, an welchem Dorf die Emmer vorbeifließt, im Emmerthale hinauf, rechts liegen schöne, mit Wald bewachsene Berge, das Tal der Emmer ist sehr fruchtbar. Durch das Dorf Thal nach Pyrmont.*

Der Autoreisende, der aus Göttingen kommt, kann diese Anreise über Northeim, Einbeck, Scharfoldendorf und Dielmissen nachvollziehen, einschließlich der Überfahrt mit der Fähre bei Grohnde.

Goethes Logier-Haus Am Hylligen Born 6 (s. oben Anm. 150) trägt heute den Namen Hotel-Pension Goethe-Haus und steht unter Denkmalschutz. Eine Gedenktafel erinnert an Goethes Kuraufenthalt im Jahre 1801. In der Badeliste war Goethe als 126. Gast des Sommers 1801 eingetragen worden.

Der Sohn des Homer-Übersetzers und Mitbegründers des patriotischen Dichterkreises »Göttinger Hain« Johann Heinrich Voß, Johann Heinrich Voß jun. (1779–1822), Gymnasialprofessor in Weimar und danach Professor in Heidelberg, schrieb an der Professor der Philosophie Karl Wilhelm Ferdinand Solger (1780–1819) in Berlin:

180 S. auch K. Lindhorst u. W. Warnecke: Bad Pyrmont. Ein historischer Rundgang, 2. Aufl. Bad Pyrmont 1995.

»Goethe ... in Pyrmont meldete er sich als Goethe Vater, Sohn und Geist. Da haben die dummen Torschreiber das Maul aufgesperrt.«[181]

Goethe erkundete – wie auch in Göttingen beschrieben – noch am selben Tage den Ort, wie es seine Art war.

Zu den historischen Kurparkanlagen gehören auch die *Alleen*, die als »Allee« bei Goethe immer wieder erwähnt werden. Zwei Jahrzehnte nach dem Ende des Dreißigjährigen Krieges ließ Graf Georg Friedrich von Waldeck-Pyrmont (regierte 1668 bis 1692, 1682 in den Fürstenstand erhoben) »auf einem Gelände, das vom Brunnentempel[182] sanft nach Süden abfällt, in einer Länge von 500 Schritt vier Reihen von Linden setzen, die man anfangs als ›Spatziergang‹ bezeichnete und die heute als Hauptallee bekannt sind.« Diese Anlage war von Anfang an für »lustwandelnde Kurgäste« bestimmt, so daß Pyrmont damit die älteste Kurparkanlage der Welt besitzt. Zwischen 1750 und 1781 wurden weitere Alleen geschaffen: die Schloßallee, die Hylligen-Born-Allee, die Klosterallee und die Springbrunnen-Allee.

Bereits am folgendem Tag, einem Sonntag, weilten Goethe und der Göttinger Chirurg Prof. Richter *im Badehause und den verschiedenen Sälen. Nach Tische am Säuerling, ferner in der Quäker-Versammlung.*[183]

Im »Fürstlichen Badelogierhaus« am Brunnenplatz (erbaut 1777 von einer niederländischen Aktiengesellschaft, heute Fürstenhof – Hotel und Sanatorium) konnten die Kurgäste bis 1815 auch ihre Bäder nehmen. Unter den namhaften Badegästen der ersten Zeit war auch der Göttinger Staatsrechtler Pütter. Den Pyrmonter Sauerbrunnen hatte Goethe wahrscheinlich bereits im Elternhaus am Hirschgraben in Frankfurt am Main und am Hofe in Weimar kennengelernt.

181 R. Steiger: Goethes Leben von Tag zu Tag, Band IV, S. 206.
182 Ebenfalls 1168 über dem Hylligen Born errichtetes achteckiges, tempelähnliches geschlossenes Gebäude zum Schutz des Trinkbrunnen – nach J. Garfs.
183 WA III.3, 22_{25-27}.

Die Hauptallee in Pyrmont um 1795

Im Juli 1796 hatte Goethe das berühmte Pyrmonter Mineralwasser erstmals in seinem Tagebuch erwähnt: *7. Pyrmonter zum 1. mal.*[184] In einem Brief an Schiller vom 20. Juli 1796 lesen wir:[185] ... *Heute früh beym Pyrmonter habe ich mir einen kleinen Aufsatz ausgedacht, durch den ich zuerst mir und Ihnen Rechenschaft von meiner Methode die Natur zu beobachten zu geben gedenke, woraus künftig ein Vorbericht zu meinen Arbeiten dieser Art formirt werden kann* ...

Aus Jena bat Goethe Christiane Vulpius in Weimar am 23. August 1796:[186] *Schicke mir mit den zwei zurück kehrenden Botenweibern drey kleine Fläschchen Pyrmonter und bringe mir etwa 6 große mit: desgleichen schicke drey Bouteillen rothen Wein und bringe 6 Stück mit.*

Wein wurde damals häufig auch mit Wasser verdünnt getrunken.

Zwei Jahre später – ebenfalls aus Jena – schrieb Goethe am 11. Juni 1798 an seine Christiane:[187] ... *Weiter weiß ich für diesmal nichts zu sagen, als daß es mir wohl geht und daß mir der Pyrmonter nebst der Bewegung recht gut bekommen* ...

Und am 17. Juni heißt es:[188] ... *Schicke mir mit den Botenfrauen etwa noch ein halb Dutzend Flaschen Pyrmonter.*

Wiederum ein Jahr später lautete eine Bemerkung in einem Brief an Schiller vom 9. Juli 1799:[189] ... *Ich trinke meine Portion Pyrmonter Brunnen und thue übrigens was so vorkommt* ...

In Goethes Tagebuchnotizen finden sich Hinweise für Trinkkuren mit »Pyrmonter« auch in den Jahren 1798 und 1799. Goethes negative Bemerkungen über das *aufregende Mineralwasser* und den *unterlassenen Gebrauch* (s. am Ende seines Reiseberichts) müssen daher wohl relativiert werden. Denn auch während seiner Kur in Pyrmont hat Goethe in seinem Tagebuch immer wieder mit den Worten *Wasser*

184 WA III.2, 45_{10}.
185 WA IV.11, 127_{11-16} – Brief Nr. 3345.
186 WA IV.11, 171_{2-5} – Brief Nr. 3369.
187 WA IV.13, 175_{8-10} – Brief Nr. 3812.
188 WA IV.13, 180_{17-18} – Brief Nr. 3815.
189 WA IV.14, 126_{20-22} – Brief Nr. 4075.

oder *Brunnen getrunken* über den regelmäßigen Gebrauch berichtet.

1717 war vom Brunnenarzt Dr. Seip (s. o.) der Bergsäuerling in einem Garten entdeckt worden. Wasser dieses Säuerlings wurde nicht nur in Residenz- und Handelsstädte innerhalb von Deutschland, sondern auch über den Kanal nach England verschickt.

Dazu J. Garfs (1988): »Nach Aufzeichnungen um 1800 wurde zu der Zeit das Pyrmonter Wasser u. a. versendet nach Kopenhagen, Königsberg, Breslau, Prag, München, Bern, Köln und Amsterdam. Heute vertreibt die ›Pyrmonter Mineral- und Heilquellen GmbH‹ die Mineral- und Heilwässer unter dem Namen ›Bad Pyrmonter‹, und zwar pro Jahr weit über 100 Millionen Flaschen.« (ausführlich bei Lilge[190])

Goethe selbst vermerkte in seinem Tagebuch: *In Friedenszeiten sind 300 000 Flaschen von hier jährlich verschickt worden.*[191] Auch heute wirbt das Niedersächsische Staatsbad Pyrmont für den Flaschenversand Bad Pyrmonter Heilquellen.

Am Sonntag, den 14. Juli besuchte Goethe nach Tisch auch eine *Quäker-Versammlung*, auf die er in seinem Reisebericht ausführlicher eingeht. Das Quäkerhaus war im Jahr zuvor erbaut worden. Noch heute unterhalten die Quäker ein Versammlungshaus in Bad Pyrmont an der Bombergallee, das im Kurprospekt als das einzige auf dem europäischen Festland bezeichnet wird. Den Quäkern gehörte damals auch eine *Messingfabrik* hinter dem *Königsberg*, die Goethe zusammen mit der Familie Griesbach am 25. Juni besichtigte. Die dort 1800 erbaute Kirche wurde 1932 wieder abgerissen.

Besonders interessiert hat Goethe sich für das Phänomen der *Dunsthöhle*. Er suchte sie mehrmals auf und ließ sich dort die in seinem Reisebericht nachzulesenden Experimente

190 Andreas Lilge (Hg.): Bad Pyrmont – Tal der sprudelnden Quellen. Zur Geschichte der Pyrmonter Heil- und Mineralquellen. Schriftenreihe des Museums im Schloß Bad Pyrmont Nr. 21, 1992.

191 WA III.3, 23_{8-9}.

vorführen. Am Montag, den 15. Juni schrieb er in sein Tagebuch:[192] *... nach Tische in der Dunsthöhle. Der Dunst stand nur etwa 18 Zoll* [ungefähr 45 cm] *über dem Boden.*

Am 18. Juni:[193] *Abends in der Dunsthöhle, Versuche mit den Seifenblasen, brennendem Stroh u. s. w.*

Am Nachmittag des 29. Juni suchte er die *Dunstgrube mit Griesbachs und Horstigs* nochmals auf.

Sie wurde entdeckt, als 1712 am Helvetiushügel in einem Steinbruch einige Arbeiter plötzlich ohnmächtig wurden. Der Brunnenarzt Dr. Seip stellte fest, daß aus den Gesteinspalten ein unsichtbares Gas austrat, das er – da Kohlendioxid damals noch nicht bekannt war (von Chemikern ab 1754 Luftsäure genannt) – als Schwefeldunst bezeichnete. Die Grotte wurde 1720 vertieft, darüber ein Steingewölbe errichtet, das man 1737 erneuerte. Sie kann heute zu bestimmten Zeiten besichtigt werden. Die Übersetzung einer lateinischen Inschrift lautet (aus J. Garfs):

»Diese Grotte hat aus dem Mutterfelsen der mineralischen Quellen, welcher den wunderbaren Geist ausströmt, die Merkwürdigkeit, vielleicht auch des Nutzens wegen, im Jahre 1720 ausbauen, im Jahre 1737 erneuern und durch dieses Denkmal verewigen lassen Dr. Philip Seip.«

Die Höhe des Kohlendioxid-Spiegels hängt jeweils von der Wetterlage und vom Luftdruck ab. Da das Gas schwerer als Luft ist, bewegen sich z. B. luftgefüllte Seifenblasen über der Kohlendioxid-Atmosphäre.

Selbstverständlich interessierte sich Goethe auch für das *Pyrmonter Theater*[194]. Am 28. Juni wurde es mit Kotzebues »Silberner Hochzeit« (Schauspiel in fünf Aufzügen) eröffnet, am Tag danach war Goethe *Abends in der Comödie.* Die Schauspieler kamen aus Hannover, angeführt von dem Schauspieldirektor Walter (1759–1822), der 1801 zum ersten Male die Konzession in Pyrmont erhalten hatte.

192 WA III.3, 23_{13-14}.
193 WA III.3, 24_{3-4}.
194 Das heutige Kurtheater wurde erst 1818 erbaut.

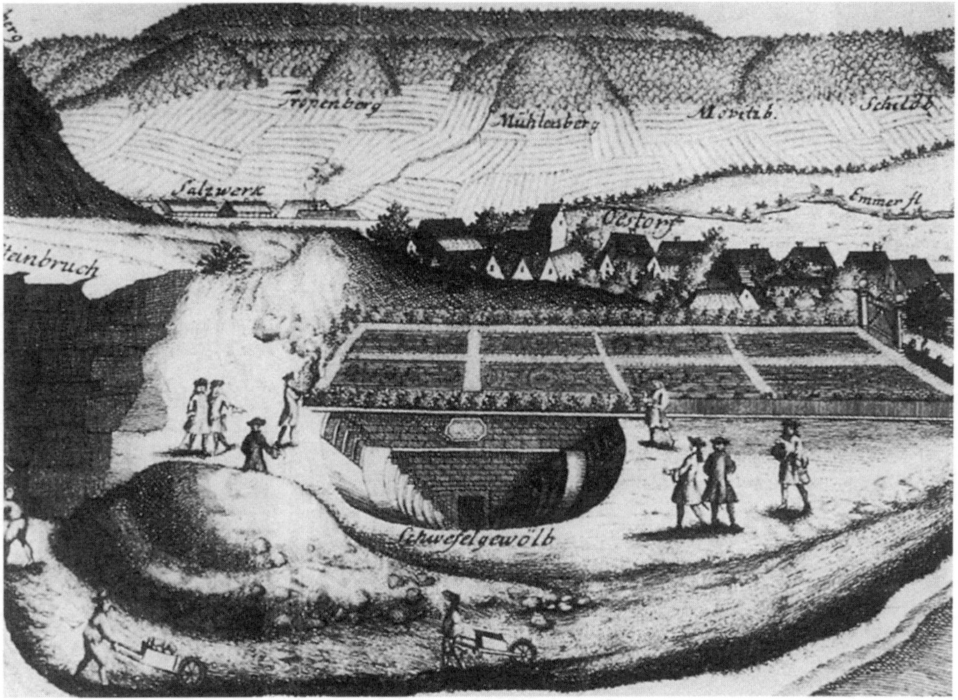

Die Dunsthöhle

Die weiteren Stücke dieser Schauspieltruppe waren im Sommer 1801:[195] »Epigramm« – Lustspiel in vier Aufzügen von Kotzebue; »Der Schreiner« – Komische Oper in zwei Aufzügen; nach dem Lustspiel gleichen Namens bearbeitet von Kotzebue, Musik von Paul Wranitzky; »Den ganzen Kram und das Mädchen dazu« – Lustspiel in einem Aufzug vom Grafen von Brühl.

Der Prinzipal selbst spielte in der komischen Oper »Der Schreiner« den Arzt v. Marsan, seine Frau die reiche Witwe v. Sternwald im selben Stück.

Mit *Eulalia* in seinem Reisebericht meint Goethe Kotzebues Stück »Menschenhaß und Reue«, das jedoch in seinem Verzeichnis der Schauspieler nicht aufgeführt wird.

Goethe schätzte Kotzebue nicht sehr, seine Stücke bewertete er als reine Unterhaltungsware. Über das Theater äußerte sich Goethe auch in einem Brief an Schiller (s. Kap. 8).

Von den im genannten Verzeichnis aufgeführten Schauspielern ist Goethe offensichtlich Demoiselle *Valesi* als Dienstmagd Märtchen in »Der Schreiner« besonders aufgefallen. Sie spielte auch die Rolle der Eulalia. Von dem damaligen Theatergebäude ist offensichtlich kein Bild erhalten geblieben. Es soll Goethe aber als Anregung für den Bau des Theaters in Lauchstädt gedient haben. Ein neues Theater wurde 1817 erbaut.

In seinem Tagebuch heißt es unter Donnerstag, den 25. Juni zu den *Theaterumständen*:[196] *Früh Pause. Briefexpedition. Hofr. R. Kirms. Wegen Dem. Valesi und anderen Theaterumständen; eingeschlossen: An Serenissimum, an d. Schausp. Schmidt in demselben. An Baron v. Retzer. An Schauspieler Haide* ...

Die genannten Briefe sind nicht erhalten. Dem. Valesi (geb. Walleshauser 1782 in München) hat später den ebenfalls für Pyrmont verpflichteten Bariton Köhl geheiratet und ist zusammen mit ihm 1806 am Wiener Hoftheater aufge-

195 Nach dem von Geist geschriebenen Verzeichnis der Schauspieler und ihrer Rollen, WA III.3, 426–427.

196 WA III.3, 25_{1-5}.

treten (nach W. Lampe). Franz Kirms (1750–1825) war seit 1791 Mitglied der Hoftheaterintendanz und seit 1794 Hofkammerrat. Mit dem Schauspieler Schmidt ist Heinrich Schmidt (1779–1857) gemeint, zunächst Schauspieler in Weimar und ab 1801 in Wien, später Leiter des Fürstlich-Esterhazyschen Theaters in Eisenstadt. Joseph Friedrich Edler von Retzer (1754–1824) war Hofsekretär und Theaterdirektor in Wien, so daß zu vermuten ist, ein Brief an ihn in diesem Zusammenhang enthalte wahrscheinlich die Bitte um ein Engagement für den Schauspieler Schmidt. Der Schauspieler Friedrich Haide (1771–1832) schließlich wirkte am Theater in Weimar.

In Goethes *Fascikel zur Reise nach Pyrmont* sind einige Theaterzettel erhalten geblieben, die im Goethe- und Schiller-Archiv aufbewahrt werden und vom Autor eingesehen wurden. Unter den Nummern 60 bis 64 sind weitere Theaterzettel mit folgenden Stücken erhalten:

- »Der Weiberscheue. *Eine Posse in drey Aufzügen, von Schink. Hierauf folgt zum erstenmal* Das Geheimniß. *Eine Oper in einem Aufzuge; nach dem Französischen des Hoffmann. Die Musik ist von Solie.*
- Er mengt sich in alles. *Ein Lustspiel in fünf Aufzügen, nach dem Englischen der Mistriß Centliver, von Jünger.*
- Die Eifersucht auf d. Probe. *Eine komische Oper in drey Aufzügen; aus dem Italienischen von Eschenburg. Die Musik ist von Anfossi.*
- Siegfried von Lindenberg. *Ein Lustspiel in fünf Aufzügen, nach dem bekannten Müllerschen Roman, von J. Bunze.*
- Des Teufels Lustschloß. *Eine natürliche Zauber = Oper in drey Aufzügen; von A. von Kotzebue. (Manuscript) Die Musik ist von Ignaz Walter.*«

Goethe selbst hat in seinen Aufzeichnungen diese Aufführungen nicht erwähnt. Es ist daher ungewiß, ob er sie auch besucht hat. Die Titel vermitteln jedoch ein Bild der damals sehr umfang- und abwechslungsreichen Theatersaison in Pyrmont.

Die Schauspieler wohnten in der Regel im Hause des Hofapothekers Friedrich *Crüger* (1774–1843). Mit diesem pflegte Goethe naturwissenschaftliche Unterhaltungen. Er ist zusammen mit dem Apotheker Rudolf Brandes, mit dem Goethe korrespondierte, Autor des Buches »Pyrmont's Mineralquellen« (Uslar'sche Hofbuchhandlung, Pyrmont 1826[197]). In einem Brief an den Mineralogen Prof. Johann Georg Lenz (1748–1834) in Jena vom 16. September 1801 bat er:[198]

In der Hoffnung daß Sie sich werthester Herr Professor recht wohl befinden und Ihre Geschäfte mit hergebrachtem Eifer treiben, ersuche ich Sie hiermit um einige Gefälligkeiten ...

In Pyrmont habe ich einen gar wackern Jungen Mann kennen lernen, den dortigen Apotheker Friedrich Crüger, für den ich mir wohl ein Diplom als Mitglied der Mineralogischen Gesellschaft erbitten wollte ...

Auch ein Brief an Friedrich C(K)rüger ist wenigstens als Konzept erhalten:[199]

Ew. Hochedelgeb.

glaube ich meine Dankbarkeit für die in Pyrmont mir erzeigten Gefälligkeiten nicht besser als durch die Beylage bezeigen zu können. Die Verbindung mit mehrern welche sich für die Wissenschaften interessiren, setzt uns in den Stand unsere Neigung zu befriedigen und unsere Kenntnisse zu erweitern. Es wird dieses bei Ihnen um so mehr der Fall seyn, als gewiß manches Mitglied der mineralogischen Societät von Zeit zu Zeit Pyrmont besuchen wird, wobey es an wechselseitiger Belehrung und Bereicherung nicht fehlen kann.

Das versprochene Kästchen mit Mineralien soll auch nicht außenbleiben.

d. 11. Octbr. 1801.

Am 10. Dezember 1801 bedankte sich der Apotheker Krüger für das von Goethe übersandte Diplom.

Und schließlich hat Goethe sich auch für die Ereignisse um das *Spielcasino* interessiert, wie seine Schilderung über einen Glückspilz im Reisebericht zu erkennen gibt. Eine

197 Exemplar im Museum im Schloß.
198 WA IV.15, 253 – Brief Nr. 4413.
199 WA IV.15, 263 – Brief Nr. 4421.

Spielbank wurde seit 1732 an der Hauptallee betrieben. Aufgrund eines Gesetzes durch König Wilhelm I. von Preußen von 1868 mußte der Spielbetrieb in Pyrmont am 2. November 1872 eingestellt werden. Hundert Jahre später, am 4. April 1975, wurde im nun niedersächsischen Staatsbad Pyrmont wieder eine Spielbank eröffnet.

Das von Goethe nicht näher beschriebene *Schloß*, in dem die Gräfin von Lille – spätere Königin von Frankreich (s. o.) – mit ihrem Gefolge logierte, war anstelle einer Wasserburg der Grafen von Spiegelberg von 1526 im Jahre 1706 erbaut und 1780 erweitert worden. Heute befindet sich dort das Museum im Schloß, wo der Besucher viele Einzelheiten zur Geschichte des Bades erfahren kann.[200]

Goethe hat sich Zeit seines Lebens für die Pyrotechnik interessiert. So ist es auch nicht verwunderlich, daß wir in seinem *Fascikel zu Pyrmont* als Blatt 73 die Ankündigung eines *Feuerwerkes* finden, dessen Text wie folgt beginnt:

»Mit gnädigster Erlaubniß, wird heute in Pyrmont der französische Feuerwerker Bordot, ein großes Feuerwerk im Bosquet[201] abbrennen.«

Danach folgen auf dem Handzettel die 19 »Stücke« des zu besichtigenden Feuerwerks. Der Text am Ende lautet:

»19. Ein Garten von Ueberfluß auf 100 Schritte weit. In der Mitte des Tempels zeiget sich eine große Glorie, auf beyden Seiten aber zwey große Wasserfälle. Zuletzt verlöscht der Tempel unter großem stürmischen Knall.

Der Eingang wird illuminirt und mit Musik begleitet.

Herr Bordot wird sich auf alle ersinnliche Art beeifern, den Beyfall aller Hohen und geneigten Zuschauer zu erwerben, und so viel wie möglich soll dabey die größeste Ordnung angetroffen werden.

200 S. auch »Festung und Schloß Pyrmont. Restaurierung und neue Nutzung«, Kuratorium Schloß Pyrmont 1987.

201 Bosquet oder Boskett: Lustwäldchen.

Preise der Plätze:
Standespersonen zahlen nach Belieben. –
Der erste Platz zu 12 Sgr.
Der zweyte 8 Sgr. Zum Stehen 4 Sgr.
Der Anfang ist um 9 Uhr.«

Bei gutem Wetter unternahm Goethe zusammen mit seinem Sohn und auch anderen Begleitern aus seiner Pyrmonter Bekanntschaft Wanderungen in die nähere Umgebung. So am Freitag, dem 19. Juni:[202] ... *Bey den sogenannten Erdfällen. Von da eine Promenade an den Bergen her gegen Pyrmont zu.*

Die sogenannten *Erdfälle* am Berghang oberhalb des heutigen Ortsteiles Holzhausen sind aufgrund von Salzauslaugungen entstanden. »In 800–1000 m Tiefe wurden hier so große Höheln ausgelaugt, daß deren Decken schließlich herunterbrachen. Diese Deckeneinstürze haben sich im Laufe der Zeit nach oben durchgefressen, bis endlich die Erdoberfläche einbrach und so die Erdfälle entstanden.« – so zu lesen bei J. Garfs.

Am folgenden Tag führte der Ausflug in das mittelalterliche Städtchen *Lügde*:[203]

Sonnabend d. 20ten. Getruncken, gebadet. Nach Mittag nach Lü(g)de. Ins Kloster, wo ein neuer Präses angekommen ist. Es ist erst seit 50 Jahren erbaut, von Franziskanern besetzt, für 20 eingerichtet und nur gegenwärtig von 4 bewohnt. Das Städtchen brannte vor einigen Jahren ab. Weg dahin. Fußpfad durch die sogenannten Kampen, Wiesen-Abtheilungen wo das Vieh der Pyrmonter gegen Erlegung eines Pachtes vom Frühjahr biß zum Herbste weidet.

784 wurde Lügde erstmals in den Fränkischen Reichsannalen erwähnt. Karl der Große soll in diesem Jahr auch Weihnachten hier verbracht haben (s. auch Kilianskirche). Bis 1668 gehörte Lügde zur Grafschaft Pyrmont, die Stadtrechte erhielt der Ort wahrscheinlich um 1246. Nach 1668 gelangte Lügde unter die Herrschaft des Stifts Paderborn.

202 WA III.3, 24_{6-7}.
203 WA III.3, 24_{8-16} – ein auch heute noch empfehlenswerter Fußweg.

Die Erdfälle
bei Pyrmont

Die von Goethe in seinem Reisebericht zitierte Hausinschrift mit Bezug auf den letzten großen Brand von 1797 ist nach W. Lampe nicht nachweisbar. Ähnliche Texte sind jedoch an mehreren Fachwerkhäuser zu lesen, die alle um 1798 erbaut wurden.

Das Franziskanerkloster wurde 1754 gegründet. In seinem Reisebericht erwähnt Goethe auch die *uralte Kilianskirche.* Auf dem Bergsporn hinter Lügde entstand in karolingischer Zeit ein einschiffiger Saalbau, der dem heiligen Kilian, einem iroschottischen Missionar, geweiht wurde. Er bestand bis in das 12. Jahrhundert. Danach wurde die Kirche nach Westen verlängert, aus dem unteren Teil des noch bestehenden Westturms eine Wehrturm erbaut. Um 1200 wurde dieser Westturm erhöht und an den Turm anschließend entstand der heutige Kilianskirche in Form einer romanischen kreuzförmigen Gewölbebasilika.[204] Sie gilt als die älteste Kleinkirche Westfalens.

Am 24. Juni wanderten Goethe und Sohn mit dem Rektor Werner auf den *Krystallberg hinter Lügde.* Über diesen und einen weiteren Ausflug schrieb W. Lampe 1949:

»Der Kristallberg ist der südlich von Lügde (b)gelegene Bierberg. Es sind dieselben Aecker, auf denen früher wie jetzt die seltsamen Feuerräder zu Ostern herabrollen. Vor allem hatte sich August mit dem Rektor angefreundet und ging wohl auch allein mit ihm nach Lügde hinaus. Das Suchen und Auffinden der Versteinerungen ist für beide, Vater und Sohn, stets das größte Fest. Für alles, was irgendwie von besonderem Wert für sein naturwissenschaftliches Interesse ist, ist Goethe empfänglich und notiert deshalb mit Eifer, daß bei Wendlinghausen im Lippischen, zwischen Barntrup und Lemgo, in einer Mergelgrube am Lühberg 40 Stück des Strombus Gigas, der Riesenflügelschnecke, gefunden sind.«[205]

204 F. G. Hohmann: Die Kilianskirche, 3. Aufl., Paderborn 1995 (Broschüre liegt in der Kirche aus).

205 WA III.3, 25_{18-20}.

Am 30. Juni kam abends ein Bote aus Weimar nach Pyrmont und kündigte die Ankunft des Herzogs an. In seinem Brief vom 26. Juni heißt es:[206]

»Die fatalen Krämpfe, mein lieber Freund, haben endlich doch die Ueberhand behalten, sie warfen mich seit Deiner Abreise dergestalt nieder und überwiegen meine Pläne, die ich in Ansehnung des Geldes und der Zeit gemacht hatte; ich komme doch noch nach Pyrmont. Den 10. July Abends, Freytag über 14 Tage komme ich dorten an. Erzeige mir den Gefallen, Folgendes zu bestellen:

1 Stube mit Bette für mich
1 dergleichen für Egloffstein[207]
1 dergleichen mit 2 Betten für Kamm(er)d(iener) und Canzlist
2 Stuben für 3 Bed(iente) und 2 Reitknechte, nebst geh(örigen) Betten
Stalle und Fourage[208]

Wir kommen über Cassel. An Table d'hôte essen wir beyde und bedürfen daher keiner besonderen Kost. In Welchem Hause wir wohnen sollen, ist mir gleichgültig.

Deine Ankunft hier abzuwarten, war mir ohnmöglich, sonsten wäre die Cur zu weit hinaus verschoben worden; ich hoffe den 5. August wieder hier zu seyn. Kannst Du meine Ankunft in Pyrmont abwarten, so wäre mir dieses sehr lieb, denn ich möchte Dir gerne den jetzigen Zustand des Schloßbaues, mit dem Du hoffentlich zufrieden seyn wirst, übergeben und Dir einige Notizen darüber beybringen ...«

Am folgenden Tage besichtigte Goethe die Quartiere im *Badehause*, nochmals am Donnerstag, den 2. Juli, an dem am Abend auch des Herzogs Kammerdiener Kämpfer in Pyrmont als Vorhut eintraf. Johann Friedrich *Kämpfer* (1764–1823) war nicht nur herzoglicher Kammerdiener, sondern er wurde 1807 auch zum Leibchirugus ernannt. In

206 Zitiert nach W. Lampe, Quellen des Verf. in: Archiv für Landes- und Volkskunde in Niedersachsen, S. 35 ff., 1941.

207 Wolfgang Gottlob Christoph Freiher von und zu Egloffstein (1766–1815), Hofmarschall und Oberkammerherr.

208 Futter.

Goethes Tagebuch wird er häufig namentlich erwähnt.[209] Am 9. Juli kam dann der Herzog Carl August in Pyrmont an. In seinem Brief an Schiller (s. Kap. 8) vom 12. Juli berichtet Goethe über dessen Ankunft und teilt ihm mit, daß er im Gegensatz zum Herzog in weniger guter Stimmung sei. Offensichtlich ist er dem Herzog in diesen letzten Tagen in Pyrmont, bei so schlechtem Wetter, daß Goethe in seiner Stube einheizen ließ, ausgewichen. Erst sein so erfolgreicher zweiter Aufenthalt in Göttingen hat ihn von dieser reizbaren Stimmung befreit.

In der »Zeitung für die elegante Welt« schrieb Susette Horstig am 19. September 1801 über Goethes Kur in Pyrmont[210]. Dieser von R. Steiger auszugsweise zitierte Text ist im Wortlaut fast identisch mit dem von W. Lampe aus der mit »spitzer Feder« geschriebenen *Bäderchronik* veröffentlichten[211]:

»*Gelehrte.* Dass man in Pyrmont verhältnismäßig mehr Gelehrte als in Nenndorf usw. finde ist bekannt. Ob die Eisentheile dieses Brunnens ihrer sitzenden Lebensart dienlicher sind, als die Schwefeltheile von jenen, weiß ich nicht ... Der verehrungswürdige Griesbach aus Jena und Goethe aus Weimar waren schon früh hier versammelt. Der beliebte Dichter erweckte das Interesse von jedem Badegast; doch sich ihm zu nähern, das wagten nur Wenige. Sein Aeußeres erweckte die Frage: ist Goethe stolz? Bist du stolz, lieblicher Sänger des Landes, wo die Zitronen blühn, Dichter des Werther und Vater von Hermann und Dorothea: Bist du stolz? Ach, wie widersinnig ist das Wörtchen *stolz*, um mit einem Ja oder nein die Frage beantworten zu können. In dem alten, veralteten Sinne, wo ein Mensch nur aufgebläht durch äußere Vorzüge, selbst des Verdienstvolleren Bekanntschaft gering schätzt, weil ihm dieser an solchen Vorzügen nicht gleich kommt, sind ja wohl nur Wenige stolz, und *Goethe* unter diese Klasse zu rechnen, wird hoffentlich

209 S. Register in WA III.14, 450.
210 Zitiert nach R. Steiger (s. Literaturverz.).
211 D. Alfter (Hg.): Badegäste der Aufklärungszeit in Pyrmont, Schriftenreihe des Museums im Schloß Pyrmont Nr. 25, 1994.

keinem einfallen. Den Werth seines gesuchten Ichs aber so weit zu kennen, daß ihm ein eigener Stempel der Absonderung aufgedrückt werde, der manchen Unberufenen zurückhält, sich an seine Person und Zeit zu wagen, dies versteht Goethe meisterlich. – Ob dies bloß Schutzwehr oder Naturgabe sei, ist schwer zu entscheiden; aber fast sollte man aus der Bemerkung, daß er auch in kleinern und bekanntern Zirkeln eine gewisse Kälte nicht ablegt, urtheilen, daß dieses Zurückziehen ihm sehr nützlich sei. Den neugierigen Brunnengästen war es nicht angenehm, gegen alle Ideale, die sie sich von dem gewandten feinen Dichter gemacht hatten, einen ernsten majestätischen Mann zu finden, der die Hände in beiden Rocktaschen mit quer in die Breite stehendem Hute, in mäßigen gleichem Schritte die Allee auf- und abwandelte, ohne auf die Sterblichen um ihn her zu achten. Hätten Alle die Unterhaltung genießen können, die er dann denen, die zunächst um ihn waren, gewährte, gewiß sie wären versöhnt worden. Langsam sich entwickelnd, aber immer deutlich mahlend waren seine Beschreibungen; anziehend und fortgesetzt (suisvis) seine Gespräche über interessante Gegenstände. Sein munterer zehnjähriger Knabe scheint in den lebhaften braunen Augen den Geist des Vaters zu fassen.«

Am Freitag, den 17. Juli 1801 reiste Goethe *zu Mittag von Pyrmont ab.* Am Sonnabend, den 18. Juli ist er *Abends in Göttingen angekommen.*

Die Zeit zwischen der Ankunft des Herzogs am 9. Juli und Goethes Abreise findet in seinem Tagebuch ihren Niederschlag in einem einzigen Satz: *Die Zwischenzeit bey immer fortdauerndem Regenwetter nicht zum angenehmsten zugebracht.*[212]

Ein Erfolg der Kur hat sich aber wohl später doch noch eingestellt. Und innerlich war Goethe auf die darauf folgenden Studien in Göttingen auch durch den persönlichen Umgang mit Persönlichkeiten wie Richter, Griesbach und den Hofapotheker Crüger bestens eingestellt. Um 1800 besuchten Pyrmont bereits mehr als 1200 Kurgäste im Jahr.

212 WA III.3, 26_{24}–27_{2}.

8. Briefe aus Pyrmont

Was auch diese Expedition und Kur auf Geist und Leib für eine Wirkung haben mag ...

An Theodor Kestner.[213]
[Sohn des Ehepaares Johann Christian und Charlotte (Lotte) Kestner, geb. Buff, verheiratet seit 1773, mit Goethe in Wetzlar befreundet; der Sohn studierte Medizin in Göttingen, wurde Arzt in Frankfurt am Main, lebte 1779 bis 1847]

Schreiben Sie, werther Doctor, Ihrer verehrten Frau Mutter: daß ich leider für dieses Jahr die Hoffnung aufgeben muß sie zu sehen. der Rückweg über Hannover würde mich zu mancherley Excursionen in die Nachbarschaft verführen, welche ich gegenwärtig vermeiden muß.

Sollte ich hingegen, wie es meine Absicht ist, übers Jahr wieder hierher kommen, so wird mein Plan eigens darauf gerichtet seyn Ihre Frau Mutter, nach so langer Zeit wiederzusehen. Empfehlen Sie mich ihr bestens zu freundschaftlichem Andenken und leben recht wohl.

Pyrmont am 25. Juni 1801. Goethe.

Goethe hatte sich in Wetzlar in Charlotte Buff (1753–1828) – »Werthers Lotte« – verliebt, die jedoch bereits mit dem Legationssekretär Johann Christian Kestner (1741–1800) verlobt war, der dann als Archivsekretär nach Hannover ging. Nach seinem fluchtartigen Verlassen Wetzlars im Frühherbst 1772 hatte Goethe »seine Lotte« nicht mehr gesehen. Sie sollten sich erst am 25. September 1816 in Weimar wiedersehen (s. auch Thomas Mann: Lotte in Weimar).

213 Brief Nr. 4403 – WA IV.15, 239.

Im Sommer 1802 kam Goethe auch nicht wieder nach Pyrmont; er hielt sich in Lauchstädt auf und eröffnete dort das neue, heute Goethe-Theater.

An Christiane Vulpius.[214]
[Goethe war zu dieser Zeit noch nicht mit seiner Christiane (1765–1816), mit der er seit 1788 zusammenlebte, verheiratet. Die Eheschließung erfolgte erst am 19. Oktober 1806. Er ließ sich vom Hofprediger Wilhelm Christoph Günther in der Sakristei der Hofkirche in Weimar trauen. – Aus seinem Brief erfahren wir zahlreiche Details über den Tagesablauf in Pyrmont.]

Da eine Depesche an Herrn Hofkammerrath Kirms, in theatralischen Angelegenheiten, abgeht, so will ich auch ein Blättchen für dich beylegen.

Die Kur wird mir hoffentlich gut bekommen, ob sie mir gleich beym Gebrauch unbequem ist, indem sie mir den Kopf einnimmt und mich nicht das mindeste arbeiten läßt.

August ist sehr glücklich. Das lange schlafen, spazieren gehen, ein wenig Wasser trinken, Kirschen und Erdbeeren essen, baden u. s. w. bekommt ihm fürtrefflich.

Gestern waren wir auf einem Hügel 5/4 Stunden von hier, wo Versteinerungen und Krystallisationen angetroffen werden, deren Suchen und Auffinden das größte Fest war.

Das Wetter ist seit ohngefähr 8 Tagen sehr schön und der Aufenthalt deswegen recht angenehm, da sehr viele schattenreiche Alleen sich ganz nahe hier mitten in dem Ort befinden.

Wegen der Leinwand habe ich meine Gedanken geändert, da in den letzten Tagen sehr schöne gedruckte Mouseline und Batiste angekommen sind, unter welchen ich dir wohl ein Kleid aussuchen werde. Man hat mir gerathen noch damit zu warten, weil noch einige Kaufleute fehlen, die noch vielleicht etwas neueres und geschmackvolleres mitbringen. Übrigens denken wir sehr oft an dich, und August trinkt täglich [auf] *deine Gesundheit.*

Unsere Lebensart ist sehr einfach. Früh um 6 Uhr wird aufgestanden, bis 8 Uhr Brunnen getrunken, um 9 Uhr gefrühstückt, bis 11 Uhr herumgeschlichen und diskutiert, dann [einen] *über den*

214 Brief Nr. 4404 – WA IV.15, 239–240.

andern Tag bis gegen 12 Uhr gebadet, um 1 Uhr zu Hause gegessen, ein Paar Stunden nach Tisch zugebracht wie es gehen will, und des Abends in der Gegend bald da bald dorthin spazieren gegangen.

Die Lage um Pyrmont ist sehr angenehm und in der Nähe giebt es allerley Merkwürdigkeiten, Mineralien, Ruinen und was dergl. seyn mag.

Morgen bin ich nun schon 14 Tage hier und du sollst von Zeit zu Zeit hören wie es mir geht und was ich vorhabe, damit du dich darnach einrichten kannst. Lebe wohl und gedenke unser.

Pyrmont am 26. Juni 1801. *G.*

Goethe hat sich offensichtlich die ersten zwei Wochen in Pyrmont bei gutem Wetter sehr wohl gefühlt, so daß die späteren Aussagen von ihm dahingehend relativiert werden müssen. Er konnte hier seine geologischen und historischen Interessen verfolgen, Trink- und Badekur genießen und ausgedehnte Spaziergänge unternehmen.

Im Zusammenhang mit diesem Brief steht auch ein Blatt in Goethes *Fascikel der Reise nach Pyrmont*, eine Werbung von »LOUIS SCOTTI von Köln am Rhein,
Ist mit einem schönen Assortiment von Bijouterie und andere Waaren zur gegenwärtigen *Saison* hier angekommen, wovon nachfolgend einige Haupt-Artikel hier angemerkt sind ...«[215]

An Christiane Vulpius.[216]

Mein Brief aus Göttingen ist, wie ich von Professor Meyer höre, erst spät angekommen, du wirst indessen einen andern von Pyrmont erhalten haben und ich sage dir durch einen zurückgehenden Boten der mir die Ankunft Durchl. des Herzogs in Pyrmont meldete, nur einige freundliche Worte. Es geht mir und dem Kinde noch immer recht gut, nur bleibe ich bey der Kur zu aller Art von Arbeit untüchtig, welches mir denn doch ein wenig lästig ist.

Durchl. des Herzogs Ankunft wird denn freylich meine Plane einigermaßen verrücken, ich hoffe aber doch daß das Vergnügen das wir uns wegen Cassel ausgedacht, noch Statt finden soll.

215 Blatt Nr. 84 – Goethe- und Schiller-Archiv Weimar.
216 Brief Nr. 4405 – WA IV.15, 241–242.

Ich freue mich zu hören daß du dich die Zeit über auf verschiedene Weise amüsirt hast. Es wäre hier auch ganz artig, wenn nur nicht wie gesagt der Brunnen einen so gewaltig angriffe. Du hörst bald wieder von mir

Grüße Herrn Prof. Meyer und gratulire ihm zu der Acquisition des schönen Siegels.

August grüßt, betrübt sich aber daß er nicht ein Paar Zeilen von dir erhalten hat. Er ist sehr vergnügt, führt sich aber auch recht gut auf.

Lebe wohl und gedenke unserer.

Pyrmont am 30. Juni 1801. *G.*

Mit *Prof. Meyer* ist der Schweizer Kunstexperte und Maler Johann Heinrich Meyer (1760–1832) gemeint – s. Kap. 5. In Kassel traf Goethe von Göttingen kommend am 15. August mit Christiane und Heinrich Meyer zusammen, von wo sie gemeinsam die Rückreise nach Weimar antraten.

An C. G. Voigt.[217]
[Christian Gottlob Voigt (1743–1819), 1807 geadelt, machte Karriere als Beamter des Herzogtums Sachsen-Weimar: zunächst Justizbeamter in Allstedt, 1775 Rat, 1777 Regierungsrat in Weimar, 1783 Geheimer Archivarius, 1789 Geheimer Regierungsrat, 1791 Geheimer Assistenzrat, 1794 Geheimer Rat, 1807 Oberkammerpräsident, 1815 Präsident des Staatsministeriums]

Ob ich gleich die Details des Moments nicht weiß, so überzeugt mich doch meine Einsicht in das Ganze daß Sie sich kaum von Hause entfernen können. Demohngeachtet wünsche ich daß es möglich gewesen wäre Sie hier zu sehen, indem der Ort und die nächste Gegend durch Natur und Kunst, manches merkwürdige und angenehme hat. Die Gesellschaft ist unterhaltend und mitunter bedeutend, und die Erinnerung an alte merkwürdige Vorfälle, die sich denn doch wohl mögen in der Nachbarschaft ereignet haben, erregt ein ganz eigenes Interesse.

217 Brief Nr. 4406 – WA IV.15, 242–243.

Wenn ich Sie auch künftig davon unterhalten kann, so hätte ich es doch lieber im Angesichte der Gegenstände gethan, worauf ich nun Verzicht leisten muß.

In Göttingen haben sich jung und alt sehr artig gegen mich betragen. Es war mir unendlich viel werth ein so wichtiges Institut in der Nähe zu sehen und hoffe bey meiner Rückkehr noch einiges nachzuholen.

Leben Sie recht wohl, empfehlen mich den werthen Ihrigen und erhalten mir ein freundschaftliches Andenken. Pyrmont am 30. Juni 1801.

G.

Der folgende Brief an Schiller, der Goethe zuvor mitgeteilt hatte, daß er an die Ostsee reisen und von dort über Berlin und Dresden nach Jena zurückreisen wolle, ist von allen überlieferten Briefen dieser Reise nach Göttingen und Pyrmont wohl der informativste – sowohl im Hinblick auf Goethes »Stimmungslage« als auch auf die für Goethe wichtigsten Ereignisse in Göttingen und Pyrmont (s. auch Auszug in Kap. 5).

An Schiller.[218]

Zu der Entschließung die Sie gefaßt haben wünsche ich von Herzen Glück, es ist recht schön daß Sie sich nach Norden bewegen, indeß ich im nordwestlichen Deutschland mich umsehe, wir werden alsdann manches einander mittheilen und die Zustände vergleichen können.

Da mich die Kur zu aller Arbeit untüchtig gemacht hat, so habe ich hier wenig Zufriedenheit genossen; doch darf ich manches guten und interessanten Gesprächs nicht vergessen. der Prediger Schütz aus Bückeburg, Bruder der Frau Griesbach, ist ein sehr unterrichteter und angenehmer Mann, besonders merkwürdig ist es wenn man im Stillen eine Vergleichung zwischen ihm und seinen Geschwistern anstellt. Von andern persönlichen Erscheinungen mündlich.

Wenn ich von einem Resultate reden soll das sich in mir zu bilden erscheint, so sieht es aus als wenn ich Lust fühlte immer mehr für mich zu theoretisiren und immer weniger für andere. Die Menschen

218 Brief Nr. 4407 – WA IV.15, 243–246.

scherzen und bangen sich an den Lebensräthseln herum, wenige kümmern sich um die auslösenden Worte. Da sie nun sämmtlich sehr recht daran thin; so muß man sie nicht irre machen.

Was auch diese Expedition und Kur auf Geist und Leib für eine Wirkung haben mag, so fühle ich doch daß ich alle Ursache habe mich zu beschränken und nur das nächste und notwendigste vorzunehmen. Es wird mir also ganz angenehm seyn irgend ein Engagement los zu werden; in ein neues hingegen möchte ich mich nicht gern einlassen; doch das wird sich alles zeigen, wenn wir wieder zusammenkommen und sowohl unser erworbenes als unsere Kräfte berechnen.

Auf Hero und Leander bin ich recht neugierig, ich wünschte Sie hätten mir es mitgeschickt. Was Ihr Schauspiel betrifft, so weiß ich nicht ob Sie von den Malthesern oder von dem untergeschobenen Prinzen sprechen und ich werde also auf doppelte Weise überrascht seyn wenn Sie auch hierinne vorwärts rücken.

Die Totalität des Pyrmonter Zustandes habe ich so ziemlich vor mir. Auf meiner Rückreise hoffe ich auch zu completiren was mir noch an Göttingen fehlt. Cassel werde ich mehr im allgemeinen und nur von der Kunstseite zu fassen suchen, weil die Zeit zu einem weitern nicht hinreicht.

Meine Acten sind übrigens sehr mager geblieben, die Badelisten und Komödienzettel machen den größten Theil davon aus.

Bey dem hiesigen Theater sind mehrere Subsjecte die ein recht gutes äußerliches haben und perfectibel[219] *scheinen. Die Gesellschaft ist im Ganzen eher gut als schlecht, doch bringt sie eigentlich nichts erfreuliches hervor, weil der Naturalismus, die Pfuscherey, die falsche Richtung der Individualitäten, entweder zum Trocknen oder zum Manierirten, und wie das Unheil alle heißen mag, hier so wie überall webt und wirkt und das Zusammenbrennen des Ganzen verhindert.*

Mich verlangt sehr auf die Schilderung die Sie uns vom Berliner Theater machen werden.

Der Herzog wird morgen oder übermorgen erwartet, wenn er sich eingerichtet hat denke ich nach Göttingen zurück zu gehen. Blumenbachs Schädelsammlung hat manche alte Idee wieder aufgeregt und ich hoffe ein oder das andere Resultat sollen bey näherer

219 Vervollkommnungsfähig.

Betrachtung nicht fehlen. Professor Hoffmann wird mich mit den kryptogamischen Gewächsen näher bekannt machen und dadurch eine starke Lücke in meinen botanischen Kenntnissen ausfüllen. Was ich für meine Farbenlehre auf der Bibliothek zu suchen habe, ist auch schon notirt und wird nun desto schneller zu finden seyn. Ich leugne nicht daß ich wohl ein Vieteljahr in Göttingen zubringen möchte, indem daselbst gar vieles beysammen zu haben ist.

Der Herzog ist nun angekommen und ist im Falle aller Ankommenden: er hofft und amüsirt sich, ich hingegen, als ein Abgehender, finde sehr mäßigen Gewinn und die Weile will alle Tage länger werden. Ich sehe daher mit Sehnsucht meiner Erlösung entgegen, die sich wahrscheinlich Mittwochs den 15.[220] *ereignen wird. Von Göttingen schreibe ich noch einmal, wenn ich einigermaßen etwas zu sagen habe.*

Leben Sie recht wohl und reisen Sie glücklich. Grüßen Sie die Ihrigen und gedenken mein.

Pyrmont den 12. Juli 1801. *G.*

Der folgende Brief an seine Frau Christiane enthält ein Resümee seiner Kur in Pyrmont, Goethes Pläne über den weiteren Verlauf der Reise – und eine Liebeserklärung an Christiane.

An Christiane Vulpius.[221]

Ehe ich von Pyrmont gehe, will ich dir noch ein Paar Worte selbst schreiben, ich habe mich leidlich befunden und hoffe noch gute Folgen von der Cur. Das Beste dabey war die Bewegung und Zerstreuung. Ich habe viele Menschen gesehen, mit vielen gesprochen und kann auf mehr als Eine Weise zufrieden seyn. Nur war das Wetter gar zu schlimm und ist gegenwärtig am aller ärgsten. August hat sich gar artig betragen und hat mir viel Freude gemacht, du wirst dich über ihn verwundern wenn du ihn wiedersiehst.

Die Ausgaben waren mäßig, ich habe mich aber auch durchaus eingeschränckt. Einiges habe ich dir eingekauft. Einiges sollst du dir in Cassel selbst kaufen, wo alles sogut wie hier zu haben ist.

220 Tatsächliche Abreise Goethes aus Pyrmont am 17. Juni.
221 Brief Nr. 4408 – WA IV.15, 246–248.

Mittwoch d. 15ten gehe ich nach Göttingen, wo ich noch einige Zeit bleibe und du sollst auf alle Fälle zur rechten Zeit hören wann du mich in Cassel triffst. Ich schreibe dir alles umständlich. Sage nur dem Herrn Professor [Meyer]*: daß er sich vorläufig einrichtet um mit dir kommen zu können. Wir freuen uns beyde recht herzlich darauf dich wieder zu sehen. Gustel wünscht nur daß wir in Cassel besser Wetter haben als hier.*

Leb recht wohl, beschäftige dich mit deinen Gärten, wo ich mit dir vergnügt bald herum zu wandlen hoffe.

Pyrmont d. 12. Juli 1801. *G.*

Ich will noch ein Paar Worte hinzufügen und dir sagen daß wir beyde dich herzlich lieb haben und oft [auf] *deine gesundheit trincke. ich wünsche nichts mehr als wieder bey dir zu seyn, wir wollen den Rest des Sommers vergnügt zusammen zu bringen. Auf Cassel freue ich mich besonders.*

Von Augelchen war wohl manches artige hier, es will aber mit mir nicht recht mehr in den Zug kommen.

Der Herzog ist munter und lustig, dagegen war ich die letzte Zeit recht mißmuthig. Das Wetter zerstörte alles, Cur und Spazierengehen und Geselligkeit, heute stürmts und regnets. Ich habe einheizen lassen.

Mit Freuden werde ich Koppenfelsens[222] *Scheungiebel wieder sehen und dich an mein Herz drücken und dir sagen daß ich dich immer fort und immer mehr liebe.*

222 Geheimer Rat Johann Friedrich v. Koppenfels (1737–1811), zunächst Landschaftsdirektor in Jena, seit 1794 in Weimar.

9. Biographisches Personenverzeichnis[223] – Göttingen und Pyrmont

Göttingen

AMMON, Christoph Friedrich v. (* Bayreuth 16. Januar 1766, † Dresden 21. Mai 1850), lutherischer Theologe.

ARNIM, Achim von (* Berlin 26. Januar 1781, † Wiepersdorf 21. Januar 1831), Dichter.

AYRER, Johann Friedrich (1732 bis 1817), Universitäts-Stallmeister, o. Prof. der philosoph. Fakultät.

AYRER, Ernst Ferdinand (* Göttingen 30. Juni 1774, † Berlin 18. November 1832), Tiermediziner, 1817 Universitäts-Stallmeister und -Reitlehrer, seit 1796 Bereiter, 1831 ao. Prof. der Philosophischen Fakultät, weilte zur Zeit des Besuchs Goethes in Wien zum Studium der Tiermedizin.
Senior der Familie in Göttingen war:
Georg Heinrich A. (* Meiningen 15. März 1702, † Göttingen 23. April 1774, Grabstätte auf dem Bartholomäi-Friedhof), Jurist, Senior der Juristischen Fakultät.

BECKMANN, Johann (* Hoya/Weser 4. Juni 1739, † Göttingen 3. Februar 1811, Grab Bartholomäi-Friedhof, alter Jacobi-Friedhof), Kameralist und Technologe.

BLUMENBACH, Johann Friedrich (* Gotha 11. Mai 1752, † Göttingen 22. Januar 1840, Grab Albani-Friedhof), Mediziner und Naturforscher.

BÖHMER, Johann Franz Wilhelm (* Göttingen 1754, † Clausthal 1788), Stadtphysikus und Bergarzt in Clausthal, verheiratet mit Caroline → Michaelis, Sohn des Rechtsgelehrten Georg Ludwig B. (1715–1797).

223 Zu den Quellen s. Literaturverzeichnis.

BORHECK, Georg Heinrich (* Göttingen 1. Oktober 1751, † Göttingen 12. Juni 1834), Universitätsarchitekt und Oberbaukommissar.

BOUTERWE(C)K, Friedrich Ludewig (* Oker/Harz 15. April 1766, † Göttingen 9. August 1828, Grab auf dem Bartolomäi-Friedhof), Philosoph und Literaturhistoriker.

BRANDES, Georg Friedrich (getauft Celle 12. Dezember 1719, † Hannover 6. September 1791), hannov. Staatsbeamter, ab 1769 vortragender Rat für Universitätssachen in Hannover, Nachfolger G. A. v. Münchhausens.

BRANDES, Ernst (* Hannover 3. Oktober 1758, † Hannover 13. Mai 1810), politischer Schriftsteller und Staatsbeamter, Sohn des Georg Friedrich B., ab 1791 Nachfolger seines Vaters als Geh. Kabinettssekretär für Universitätssachen (1805 Geh. Kabinettsrat), ab 1806 Publizist und Mitglied der Berliner Akademie der Wissenschaften.

BÜRGER, Gottfried August (* Molmerswende/Harz 31. Dezember 1747, † Göttingen 8. Juni 1794, Denkmal auf dem Bartholomäi-Friedhof, Grabstätte unbekannt), Dichter.

DIETERICH, Johann Christian (* Stendal 25. Mai 1722, † Göttingen 18. Juni 1800), Buchhändler und Verleger.

EICHHORN, Johann Gottfried (* Dörrenzimmern b. Ingelfingen/Württ. 16. Oktober 1752, † Göttingen 25. Juni 1827), Orientalist und Theologe.

FIORILLO, Johann Dominicus (* Hamburg 13. Oktober 1748, † Göttingen 10. September 1821), Kunsthistoriker ital. Herkunft, 1799 erster Inhaber des kulturhistorischen Lehrstuhles.

FORSTER, Johann Georg (* Nassenhuben bei Danzig 27. November 1754, † Paris 10. Januar 1794), Naturforscher und Reiseschriftsteller, heiratete Therese → Heyne.

GESNER, Johann Matthias (* Roth bei Nürnberg 9. April 1691, † Göttingen 3. August 1761), Klassischer Philologe, Direktor der Universitätsbibliothek.

GMELIN, Johann Friedrich (* Tübingen 8. August 1748, † Göttingen 1. November 1804, begraben auf dem Albani-Friedhof), Mediziner und Chemiker.

GOTTER, Friedrich Wilhelm (* Gotha 3. September 1746, † Gotha 18. März 1797), Schriftsteller, verheiratet mit der Tochter des Bürgermeisters von Erfurt, Luise Stieler, Freundin der Caroline Michaelis.

GRELLMANN, Heinrich Moritz Gottlieb (* Jena 7. Dezember 1756, † Moskau 13. Oktober 1804), Prof. für Philosophie und Statistik, ab 1804 in Moskau.

HEYNE, Christian Gottlob (* Chemnitz 25. September 1729, † Göttingen 14. Juli 1812, begraben auf dem Bartholomäi-Friedhof, alter Johannis-Friedhof), Klassischer Philologe, heiratete in zweiter Ehe 1777 Ernestine Georgine Brandes, Tochter von Georg und Schwester von Ernst → Brandes (eine weitere Schwester, Louise Amalie, war mit Friedr. → Blumenbach verheiratet).

HOFFMANN, Georg Franz (* 30. Januar 1760, † Moskau 17. März 1826), Prof. für Medizin und Botanik in Göttingen von 1792–1804, dann Hofrat und Prof. in Moskau.

HÖLTY, Ludwig Christoph Heinrich (* Mariensee bei Hannover 21. Dezember 1748, † Hannover 1. September 1776), Lyriker, Mitbegründer des Dichterbundes »Göttinger Hain« (Hainbund).

HOPPENSTEDT, Karl Wilhelm (* Hannover 1. Oktober 1769, † Hannover 26. Juli 1826), Rechtsgelehrter, 1796 bis 1803 in Göttingen, dann Generalsekretär d. Ministeriums in Hannover.

HUGO, Gustav (* Lörrach 23. November 1764, † 15. September 1844, begraben auf dem Bartholomäi-Friedhof, alter Jacobi-Friedhof), Rechtsgelehrter.

KAESTNER, Abraham Gotthelf (* Leipzig 27. September 1719, † Göttingen 20. Juni 1800, begraben auf dem Bartholomäi-Friedhof, alter Jacobi-Friedhof), Mathematiker und Philosoph.

KESTNER, Theodor Friedrich Arnold (1779–1847), Mediziner und Chemiker, Studium in Göttingen, ab 1812 Prof. an der mediz.-chirurg. Lehranstalt in Frankfurt am Main, Sohn von Johann Georg Christian Kestner, Hofrat in Hannover, und dessen Ehefrau Charlotte, geb. Buff aus Wetzlar.

LEIST, Justus Christoph (1747–1810), Jurist und Diplomat, 1795–1808 als Prof. für Rechtswissenschaften in Göttingen, danach am Oberappellationsgericht in Celle.

Lichtenberg, Georg Christoph (* Ober-Ramstadt bei Darmstadt 1. Juli 1742, † Göttingen 24. Februar 1799), Physiker und Philosoph.

Martens Georg Friedrich v. (* Hamburg 22. Februar 1756, † Frankfurt a. M. 21. Februar 1821), Rechtsgelehrter, von 1784 bis 1802 o. Prof. der Rechtswissenschaften, speziell des Natur- und Völkerrechts, 1808–1813 Staatsrat in Kassel (Königreich Westfalen), 1814 Geheimer Kabinettsrat in Hannover, 1816 Hannoverscher Bundestagsabgeordneter in Frankfurt am Main.

Meiners, Christoph (* Warstede/Land Hadeln 31. Juli 1749, † Göttingen 1. Mai 1810), Prof. für Philosophie, speziell Kunst(Kultur)geschichte.

Meister, Georg Jakob Friedrich (* 11. Oktober 1755, † Göttingen 25. Dezember 1832), Hofrat, Prof. für Rechtswissenschaften.

Meyer, Gottlob Wilhelm (1768–1816), Theologe, 1797–1800 in Göttingen, dann o. Prof. in Erlangen.

Michaelis, Johann David (* Halle 27. Februar 1717, † Göttingen 22. August 1791), Orientalist und Theologe, 1761 Direktor der Societät der Wissenschaften, 1761–1763 Aufsicht über die Universitätsbibliothek.

Michaelis, Caroline (* Göttingen 2. September 1763, † Maulbronn 7. September 1809), Schriftstellerin, Tochter des Johann David M., heiratete 1784 den Berg- und Stadtphysikus Franz Böhmer in Clausthal, Sohn des Prof. G. L. Böhmer (Rechtsgelehrter, 1715–1797, seit 1740 in Göttingen); nach dem Tod Böhmers 1788 heiratete sie 1796 August Wilhelm Schlegel (Scheidung 1803) und 1803 den Philosophen Friedrich Wilhelm Schelling.

Münchhausen, Gerlach Adolph Freiherr von (* Berlin 5. Oktober 1688, † Hannover 26. November 1770), Universitätskurator, Staatsmann, ab 1765 Premierminister in Hannover, Initiator der Göttinger Gesellschaft der Wissenschaften (1751) – Jurastudium in Jena, Halle und Utrecht.

Osiander, Friedrich Benjamin (* Zell/Württemberg 9. Februar 1759, † Göttingen 23. März 1822), Frauenarzt.

Planck, Gottlieb Jakob (* Nürtingen 15. November 1751, † Göttingen 31. August 1833), Kirchenhistoriker.

PÜTTER, Johann Stephan (* Iserlohn 25. Juni 1725, † Göttingen 12. August 1807), Staatsrechtslehrer.

REUSS, Jeremias David (* Rendsburg 18. Juni 1750, † Göttingen 15. Dezember 1837), Universitätsbibliothekar und Prof. für Gelehrtengeschichte seit 1782, 1789 Unterbibliothekar, 1814 Oberbibliothekar, seit 1803 königl.-großbritann. Hofrat.

RICHTER, August Gottlob (* Zörbig/Bitterfeld 13. April 1742, † Göttingen 23. Juli 1812), Chirurg.

RUNDE, Justus Friedrich (* Wernigerode 27. Mai 1741, † Göttingen 28. Februar 1807), Rechtsgelehrter.

SARTORIUS, Freiherr von Waltershausen (seit 1827), Georg Friedrich Christoph (* Kassel 25. August 1765, † Göttingen 24. August 1828), Historiker.

SCHLÖZER, August Ludwig v. (* Gagstadt/Württemberg 5. Juli 1735, † Göttingen 9. September 1809), Geschichtsforscher und Publizist.

SEYFFER, Karl Felix von (* Bixfeld/Württ. 25. Januar 1762, † Bogenhausen bei München 17. September 1822), 1789 bis 1804 als Astronom in Göttingen, dann Direktor der Sternwarte Bogenhausen.

STÄUDLIN, Karl Friedrich (* Stuttgart 25. Juli 1761, † Göttingen 5. Juli 1826), Theologe, spez. für das Alte Testament und Moral.

STOLBERG-STOLBERG, Christian Graf zu (* Hamburg 15. Oktober 1748, † Windebye bei Eckernförde 18. Januar 1821)

STOLBERG-STOLBERG, Friedrich Leopold Graf zu (* Bramstedt/Holstein 7. November 1750, † Schloß Sondermühlen bei Osnabrück 5. Dezember 1819), Brüder, Dichter; Studium gemeinsam in Halle und Göttingen (Immatrikulation am 20. Oktober 1772), traten dem Göttinger Dichterbund bei, wohnten bei dem Buchhändler und Verleger J. Chr. Dietrich, Gotmarstraße 1 (südl. Teil).

THIBAU(L)T, Bernhard Friedrich (Hamburg 22 Dezember 1775, † Göttingen 4. November 1832), Mathematiker, ab 1797 in Göttingen.

UFFENBACH, Johann Friedrich (Armand) (* Frankfurt am Main 6. Mai 1687, † Frankfurt am Main 10. Mai 1769), Ratsherr, Dichter, Musiker, Naturforscher, Kunst- und Büchersammler, 1751 Schöffe und kaiserlicher wirklicher Rat, 1762 älterer Bürgermeister.

VOSS, Johann Heinrich (* Sommersdorf bei Waren/Mecklenburg 20. Februar 1751, † Heidelberg 29. März 1826), Dichter und Übersetzer, Mitglied des Dichterbundes, wohnte als Student zusammen mit Boie im Haus Barfüßerstraße 16.

WESTFELD, Christian Friedrich Gotthard (* Appelstädt/Gotha 2. Juni 1746, † Weende/Göttingen 23. März 1823), Naturforscher, Mineraloge, Kameralist, Oberamtmann in Weende.

WILDT, Johann Christian Daniel (* 29. Juli 1770, † 1. April 1844), Mathematiker, 1797–1817 Prof. in Göttingen, dann Münzbuchhalter in Hannover.

Pyrmont

BREITENBAUCH, Frau von: Ehefrau des Georg August von Breitenbauch (1731–1817), Historiker und Schriftsteller, weimarischer Kammerrat, später Gerichtsherr auf Bucha bei Bibra in der Nähe von Jena.

CARL AUGUST, Herzog von Sachsen-Weimar-Eisenach (* Weimar 3. September 1757, † Weimar 14. Juni 1828).
Vater: Herzog Ernst August II. Constantin (1737–1758), verheiratet mit Anna Amalia (1739–1807), Tochter des Herzogs Karl I. von Braunschweig-Wolfenbüttel seit dem 16. März 1756; folgt als regierender Herzog seinem früh verstorbenen Vater unter der Vormundschaft der Mutter 1758, übernimmt die Regierung am 21. April 1775, verheiratet mit Luise (1757–1830), Tochter des Landgrafen Ludwig IX. von Hessen-Darmstadt seit dem 3. Oktober 1775.

CHASOT, Graf Ludwig August Friedrich Adolf (* Caen/Normandie 10. Oktober 1763, † Pleskau(Pskow)/Weiß-Rußland 13. Januar 1813), Offizier, ab 1780 in preußischen Kürassierregimentern, 1804 Flügeladjudant Friedrich Wilhelm III., ab 1812 in kaiserlich-russischen Diensten.

CLERY, Kammerdiener König Ludwig XVI. von Frankreich.

C(K)RÜGER, Friedrich (* Pyrmont 4. Mai 1774, † Pyrmont 14. April 1843), Medizinalrat, Hofapotheker in Pyrmont.

DANGERS, Johanne Henriette geb. Niemann, Ehefrau des Prof. der Medizin an der Universität Rinteln Christian Wilhelm Dangers (1770–1806), Brunnenarzt in Nenndorf und 1. Prof. der Medizin.

GRIESBACH, Johann Jakob (* Butzbach 4. Januar 1745, † Jena 24. Mai 1812), Theologe, Geheimer Kirchenrat, seit 1775 Prof. für die Kritik des neutestamentlichen Textes in Jena, und Ehefrau Friedrike Juliane, geb. Schütz (geb. 1755).

HORSTIG, Karl Gottlieb (1763–1835), protestantischer Geistlicher, Konsistorialrat, Begründer eines Systems der Stenographie.

KÄMPFER, Johann Gottfried (1764–1823), herzogl. Kammerdiener, seit 1807 Leibchirurg in Weimar.

LILLE, Gräfin von, Marie Luise Josephine von Sardinien (1753–1810), spätere Königin von Frankreich, Gattin von Ludwig XVIII.

MARCARD, Heinrich Matthias (* Walsrode 18. November 1747, † Hannover 16. März 1817), ab 1775 Brunnenarzt in Pyrmont, wichtigstes Werk »Beschreibung von Pyrmont« (1784/85), Hofrat in Hannover.

RAT(H)LEFF, Elisabeth Christine, geb. Diederichs (* Pyrmont 20. April 1757, † nicht bekannt[224]), Tochter des Brunnencommissarius Leopold Conrad Diederichs, Frau Amtschreiber, Schwester von Dorothea Scholing.

SANGUSZKO (-Lubartowicz), Eustachius Fürst, österreichischer Offizier (keine Daten bekannt).

SCHMALING, Gotthelf Eberhard, Kriminalrat in Halberstadt (»im Kirchenbuch der Martinigemeinde, Sterberegister von 1819, ist die Witwe des hiesigen verstorbenen Criminalrathes Schmaling eingetragen«[225] – weitere Daten nicht zu erfahren).

SCHOLING, Dorothea Caroline geb. Diederichs (* Pyrmont 17. September 1753, † Schweckhausen 3. September 1808), Frau

224 Nach schriftl. Auskunft von Aloys Langer, Ahnenforschung, in Bad Pyrmont vom 31.3.1998 und 21.4.1998.

225 Auskunft des Stadtarchivs Halberstadt vom 6.4.1998.

des Landrentmeisters Heinrich Scholing (* 18. Juni 1746, † 16. Dezember 1822) seit dem 30. April 1775;[226]
nach A. Langer, s. Anm. 214, dagegen: Christiana Dorothea Diederichs, geb. 20. September 1754, Tochter des Brunnencommissarius Leopold Conrad Diederichs, heiratete am 30. April 1775 den Landrentmeister Heinrich Arnold Scholing (lebte 1740–1822), jüngster Sohn des Postmeisters zu Höxter.

SCHÜTZ, Johann Gottfried (1769–1848), Theologe, Prediger in Bückeburg, Bruder von Friedrike Juliane Griesbach.

TRAMPEL, Johann Eduard (* Kreuzburg/Thüringen 1737, † Pyrmont 29. August 1817), Gründer des Bades Meinberg, 2. Brunnenarzt in Pyrmont ab 1793, ließ 1794 auf eigene Kosten das erste Pyrmonter Solbadehaus bauen.

VOIGT, Brunnenkassierer (keine Daten in den Kirchenbüchern von Pyrmont).

WEINHEIM, Frau von, Witwe des russischen Generalleutnants Friedrich Wilhelm v. Bauer (keine Daten bekannt).

WERNER, Johann Heinrich (* Schmalkalden 16. Juli 1743, † Pyrmont 22. März 1832), seit 1770 als Hauslehrer in Pyrmont, später Rektor.

226 Nach Walter Lampe, s. Literaturverz.

10. Literaturverzeichnis

Biographien

Ebel, Wilhelm: Catalogus Professorum Gottingensium 1734–1962, Göttingen 1962.

Allgemeine Deutsche Biographie (ADB), Leipzig 1875 ff.

Neue Deutsche Biographie (NDB), herausgegeben von der Historischen Kommission bei der Bayerischen Akademie der Wissenschaften, Berlin 1953 ff.

Deutsche Biographische Enzyklopädie (DBE) (Hg. W. Killy u. R. Vierhaus), München, New Providence, London, Paris 1995 ff.

Steiger, Robert: Goethes Leben von Tag zu Tag. Eine dokumentarische Chronik, Band IV 1799–1806, Zürich/München 1986.

Schwedt, Georg: Das Reiselexikon. Goethe – Museen, Orte, Reiserouten, München 1996.

Göttingen

Beer, Günther: Vorarbeiten zur Geschichte der Chemie in Göttingen. I. Die Lehrenden. 200 Jahre chemisches Laboratorium 1783–1983, Göttingen 1983.

Boockmann, Hartmut: Göttingen. Vergangenheit und Gegenwart einer europäischen Universität, Göttingen 1997.

Brednich, Rolf Wilhelm: Denkmale der Freundschaft. Die Göttinger Stammbuchkupfer – Quellen der Kulturgeschichte, Friedland 1997.

Deneke, Otto: Goethe in Göttingen, Göttingen 1906 – Separatdruck in der SUB Göttingen (Sign.: 8 HL BI U, 4905).

Dougherty, F. W. P.: Commercium Epistolicum J. F. Blumenbachii. Aus einem Briefwechsel des klassischen Zeitalters der Naturgeschichte. Katalog zur Ausstellung im Foyer der Niedersächsischen Staats- und Universitätsbibliothek Göttingen. 1. Juni – 21. Juni 1984, Göttingen 1984.

Ebel, Wilhelm: Briefe über Göttingen. Aus den ersten 150 Jahren der Georgia Augusta, Göttingen 1975.

Engel, Joachim: Unterwegs in Göttingen. Wegsuche mit der Unbefangenheit des Gemüts, Seelze-Velber 1992.

Göttingen – Das Bild der Stadt in historischen Ansichten. Eine Auswahl aus der Graphischen Sammlungen des Städtischen Museums, Göttingen 1996.

Göttingen im 18. Jahrhundert. Eine Stadt verändert ihr Gesicht. Texte und Materialien zur Ausstellung im Städtischen Museum und im Stadtarchiv Göttingen 26. April – 30. August 1987, Göttingen 1987.

Göttinger Universitätsreden (Heft 75): 250 Jahre Vorlesungen an der Georgia Augusta 1734–1984. Akademische Feier aus Anlaß der 250. Wiederkehr des Tages der ersten Vorlesung an der Georgia Augusta am 14. Oktober 1984 in der Aula der Georg-August-Universität Göttingen mit Vorträgen von Norbert Kamp, Hermann Wellenreuther und Friedrich Hund, Göttingen 1985.

Gruber, Georg B.: Naturwissenschaftliche und medizinische Einrichtungen der jungen Georg-August-Universität in Göttingen, Göttingen 1955.

Himme, Hans-Heinrich: Stich-haltige Beiträge zur Geschichte der Georgia Augusta in Göttingen, 220 Stiche aus den ersten 150 Jahren der Göttinger Universität zusammengetragen und mit Texten versehen anläßlich ihres 250jährigen Jubiläums, Göttingen 1987.

Küssner, Martha: Frühe Darstellungen der Göttinger Sternwarte. Aus Göttinger Beständen zusammengestellt und erläutert von Martha Küssner mit einem Beitrag von Horst Michling. Göttingen 1982.

Mackensen, Wilhelm Friedrich August: Letztes Wort über Göttingen und seine Lehrer 1791. Mit einem Nachwort und Erläuterungen von Ulrich Joost, Göttingen 1987.

Meinhardt, Günther: Die Universität Göttingen. Ihre Entstehung und Geschichte von 1734–1974, Göttingen 1977.

Mittler, Elmar (Hg.): 700 Jahre Pauliner Kirche vom Kloster zur Bibliothek, Göttingen 1994.

Motel, Heinz: Berühmte Persönlichkeiten und ihre Verbindung zu Göttingen, Göttingen 1993.

Nissen, Walter: Göttinger Gedenktafeln. Ein biographischer Wegweiser, Göttingen 1962.

Saathoff, Albrecht: Göttingens Friedhöfe, die Stätte seiner großen Toten, Göttingen 1954.

Schöne, Albrecht (Hg.): Göttinger Vademecum. Ein literarisches Gästebuch und historisches Poesiealbum, welches leselustige Fußgänger und spazierfreudige Leser in 5 Jahrhunderte führt und durch 172 Straßen der Stadt, München/ Göttingen 1985.
Schwedt, Georg (Hg.): Zur Geschichte der Göttinger Universitätsbibliothek. Zeitgenössische Berichte aus drei Jahrhunderten, Göttingen 1983.
Schwethelm, Jörg-Dieter: Sie machten Geschichte. Menschen aus Göttingen, Göttingen o. J. (um 1980)
Seidel, Werner: Baugeschichte der Niedersächsischen Staats- und Universitätsbibliothek in Göttingen 1734–1953, Hainbergschriften Band 11, Göttingen 1953
Wallis, Ludwig: Der Göttinger Student oder Bemerkungen, Ratschläge und Belehrungen über Göttingen und das Studentenleben auf der Georgia Augusta. Mit acht Ansichten. Zweiter Neudruck der Ausgabe von 1913 (und 1813), Göttingen 1995

Pyrmont

Alfter, Dieter (Hg.): Badegäste der Aufklärungszeit in Pyrmont, Schriftenreihe des Museums im Schloß Pyrmont Nr. 25, Bad Pyrmont 1994.
Alfter, Dieter (Redaktion): Stadt- und Badgeschichte. Bildheft des Museums im Schloß Bad Pyrmont Nr. 1, Bad Pyrmont 1986.
Alfter, Dieter u. Lösche, Dietrich (Redaktion): Festung und Schloß Pyrmont. Restaurierung und neue Nutzung, herausgegeben vom Kuratorium Schloß Pyrmont anläßlich der Eröffnungsfeier 29. Mai – 1. Juni 1987, Bad Pyrmont 1987.
Frye, Karl (Hg.): Pyrmonts physikalische Merkwürdigkeiten. Die Dunsthöhle. Die Erdfälle. Bericht aus dem Pyrmonter Wochenblatt von 1851, Bad Pyrmont 1997.
Garfs, Joachim: Bad Pyrmont in Kupferstichen, 2. Aufl., Detmold 1986.
Garfs, Joachim: Begegnung mit Bad Pyrmont. Ursprung – Vergangenheit – Gegenwart, 5. Aufl., Bad Pyrmont 1988.
Hermann, Rudolf: Die Heilquellen in Bad Pyrmont, ihre Beschaffenheit und ihre Herkunft, Göttingen 1969.
Hermann, Rudolf: Natur und Geschichte der Dunsthöhle in Bad Pyrmont, Hannover 1971.
Lampe, Walther: Goethe in Pyrmont. Im Goethejahr 1949, Bad Pyrmont 1949.

Lilge, Andreas (Hg.): Bad Pyrmont – Tal der sprudelnden Quellen. Zur Geschichte der Pyrmonter Heil- und Mineralquellen. Texte und Materialien zur Sonderausstellung im Museum im Schloß Bad Pyrmont vom 18. Juni – 13. September 1992, Schriftenreihe des Museums im Schloß Bad Pyrmont Nr. 21, Bad Pyrmont 1992.

Schlieker, Edmund: Aus der Geschichte der Stadt Lügde, Lügde 1950.

Stemler, Luise u. Mehrdorf, Wilhelm: Chronik von Bad Pyrmont. 2. Aufl., Bad Pyrmont 1985.

Register

Accouchierhaus 54 f.
Akademiehof 41
Albani Friedhof 57
Auditiorium 65 f.
Ayrer, J.F., Stallmeister 64 f.

Badehaus, Pyrmont 141 f.
Badelogierhaus, Pyrmont 128
Bäderchronik, Pyrmont 142
Bartholomäi-Friedhof 66 f.
Beckmann, J. 47
Bibliotheks-Gesetze 85
Bibliothekssaal 74
Blumenbach, J.F. 34 f.
–, Brief 101 f.
Böhmer, G.L. 43 f.
Boie, H. Ch. 21 f.
Borheck, G. H. 78 f.
Born, Der heilige, Pyrmont 122
Botanischer Garten 60 f.
Botanybai 60 f.
Bouterwek, F. 63
Brandes, E. 37 f., 84 f.
Breitenbauch, Frau von 117
Brunnenplatz, Pyrmont 128
Bürgers Momument 56 f., 66 f.

Chasot, A.E. von 116
Crüger, F., Hofapotheker, Pyrmont 135 f.

Dangers, J. H. 117
Desaguliers. J. Th. 83
Dichtung und Wahrheit 11, 21
Dieterich, J. Ch., Buchh. 22
Dransfeld 86
Dunsthöhle, Pyrmont 131 f.

Eckermann, J.P. 11, 25, 37
Eichhorn, J.G. 52
Erdfälle, Pyrmont 138

Familien-Clubb 44
Feuerwerk, Pyrmont 137
Fontenelle, B. Le Bovier de 83

Gasthof Krone 63
Geismarstraße, Kurze 54
Geist, J.J.L. 25
Gelehrtengeschichte, Pütter 72 f.
Gesner, Johann Matthias 12
Gmelin, J.F. 53 f.
Goethe-Haus, Pyrmont 127
Goetheallee 30 f.
Gotmarstraße 46
Gotter, F.W. 23
Gotthard, Sankt 15
Göttingen, Universität 11 ff.
Göttinger Hain, s. Hainbund
Göttinger Musenalmanach 7, 17, 19 f.
Göttinger Wall 30, 68
Griesbach, J.J. 115 f.
Gülich, Färbebuch 81 f.

Hainberg 86 f.
Hainbund 17, 20
–, Plesse 90
Haller, A. von 61
Heyne, Ch. G. 38 f.
–, Brief 105 f.
–, Grab 66
Heyne, Therese 38, 40
Hoffmann, G.F. 60 f.
–, Brief 103

Hölty, L., Plesse 90
Horstig, K.G. 116
Hospitalstraße 53
Hugo, G. 59 f.

Jacobi, F.H., Brief 104 f.
Jagemann, Karoline 31
Johannisstraße 48
Jüdenstraße 59

K(C)linker, Humphrey 32
Kämpfer, J.F. 141 f.
Karspüle, Untere 60
Kästner, A.G. 48 f.
Katalog, Bibliotheks- 72
Kestner, J.G. Ch. 15
Kestner, Th. F.A. 64 f.
–, Brief 144
Kilianskirche, Pyrmont 140
Königsberg 131
Krämer, Instrumentenmacher 26, 30
Kraus, G.M. 98
Kristallberg 140
Kurze Straße 52 f.

Lehrer-Verzeichnis 26
Lichtenberg, G.Ch. 46
–, Grab 66
Lichtenberg-Denkmal 41
Lille, Gräfin von 116
Loder, J. Ch., Brief 100
Lügde 138 f.

Marcard, H. M. 116 f., 120
Mariaspring 94
Matthiae, G. 69
Meyer, J.H., Briefe 98 f.
Michaelis, Caroline 43
Michaelis, J.D. 41 f., 69
Michaelis-Haus 41
Mineralwasser, Pyrmonter 130 f.
Münchhausen, G.A. von 12, 70
Musenalmanach, Göttinger 7, 17
Museum 41

Neustadt 34 f.
Nikolaistraße 48 f.

Osiander, F.B. 54 f.

Papendiek 38 f.
Papiermühle 88
Paulinerstraße 46 f.
Planck, G.J. 48
–, Grab 67
Plesse, Ruine 88 ff.
Plundersweilern, Das Neueste von 23
Professoren, Göttinger 18
Pütter, J. S. 33
–, Gelehrten-Geschichte 50 f.
Pyrmont 107 ff.
–, Allee 128
–, Badelogierhaus 128, 141 f.
–, Bäderchronik 142
–, Brunnenplatz 128
–, Dunsthöhle 131 f.
–, Erdfälle 138
–, Feuerwerk 137
–, Hofapotheker Crüger 135 f.
–, Kilianskirche 140
–, Mineralwasser 130 f.
–, Spielcasino 136 f.
–, Theater 132 ff.
Pyrmonter Allee 128
Pyrmonter Damen 117
Pyrmonter Novelle 120 f.

Quäker-Versammlung 131

Raabe, W. 122
Ratlef, Frau 117
Reiseakten, Pyrmont 107 f.
Reitbahn 64 f.
Reitstallstraße 63 f.
Reuß, J.D., Brief 105

Richter, A.G. 57 f.
Rizetti, Graf J. 49, 81

Sanguszko, Fürst 64, 109
Sartorius, G.F. Chr. 58
Sartorius, G., Brief 100 f.
Schiller, F. v., Briefe an 95 f., 99 f., 148 f.f
Schlegel, Caroline 44
Schlözer, A.L. 46 f.
Schlözer, Dorothea 46 f.
Schmaling, G.E. 116
Scholing, D.C. 117
Schütz, J.G. 116
Scotti, Louis 146
Seip, Ph., Brunnenarzt 132
Seyffer, K.F. von 50 f.
Spielcasino, Pyrmont 136 f.
Sternwarte 50 f.
Stumpfebiel 43 f.f

Tag- und Jahreshefte 7
Telesius, B. 83
Theater, Pyrmonter 132 ff.
Theaterstraße 57 f.
Tischbein, Köpfe 38
Trampel, Brunennarzt 116
Turmstraße 50 f.

Uffenbach, J.F.A. 13 f.
Ulrichs Garten 56 f.
Universität Göttingen 11 ff.
Universitätsbibliothek 13, 40 f., 69 ff.

Voigt, C.G., Brief 147 f.
Voß, J. H. jun. 127 f.
Vulpius, Christiane 28
–, Briefe an 96 ff., 145 f., 156 f.

Wall, Göttinger 68
Weende 90
Weender Landstraße 66 f.
Weender Straße 63
Werner, Rektor 112
Westfeld, Oberamtmann 66, 90
Willrich, Hugo 16 ff.
Wundergeläuf 124

Johann Wolfgang von Goethe – Einblicke in Leben und Werk

Wolfgang Rothe
Der politische Goethe
Dichter und Staatsdiener im deutschen Spätabsolutismus.
Sammlung Vandenhoeck.
1998. 239 Seiten, Paperback
ISBN 3-525-01220-9

Ein wichtiger, aber erstaunlicherweise fast unbekannter Aspekt des Goetheschen Schaffens wird fundiert, temperamentvoll und überzeugend abgehandelt.

Wolfgang Rothe
Goethe, der Pazifist
Zwischen Kriegsfurcht und Friedenshoffnung.
KLEINE REIHE V&R 4002.
1998. 142 Seiten, kartoniert
ISBN 3-525-34002-8

Ein entschiedener Pazifist, ein lebenslang in seiner Friedenshoffnung Enttäuschter – aber auch ein Bewunderer Napoleons und geistreicher Gesprächspartner hoher Militärs: nuancenreich wird Goethes Überzeugung wie seine Ambivalenz herausgearbeitet.

Matthias Luserke
Der junge Goethe
„Ich weis nicht warum ich Narr soviel schreibe".
Sammlung Vandenhoeck.
1999. 185 Seiten, Paperback
ISBN 3-525-01223-3

Rudolf Brandmeyer
Die Gedichte des jungen Goethe
Eine gattungsgeschichtliche Einführung.
UTB 2062. 1998. 236 Seiten, kartoniert
ISBN 3-8252-2062-1

Bruno Hillebrand
Ästhetik des Augenblicks
Der Dichter als Überwinder der Zeit – von Goethe bis heute.
KLEINE REIHE V&R 4011.
1999. 160 Seiten, kartoniert
ISBN 3-525-34011-7

V&R
Vandenhoeck & Ruprecht

„Die beste Bildung findet ein gescheiter Mensch auf Reisen."

Goethe, Wilhelm Meisters Lehrjahre

Luigi Marino

Praeceptores Germaniae

Göttingen 1770 – 1820.
Aus dem Italienischen übersetzt von Brigitte Szabò-Bechstein.
Göttinger Universitätsschriften, Serie A: Schriften, Band 10.
1995. IX, 475 Seiten, kartoniert
ISBN 3-525-35840-7

Wilhelm F. A. Mackensen

Letztes Wort über Göttingen und seine Lehrer

Nach dem Exemplar der Niedersächsischen Staats- und Universitätsbibliothek Göttingen. Nachwort und Erläuterungen von Ulrich Joost. 1987.
(Nachdruck der Ausgabe von1791.)
IV, 116 Seiten, kartoniert
ISBN 3-525-39159-5

Der Göttinger Student

oder Bemerkungen, Ratschläge und Belehrungen über Göttingen und das Studentenleben auf der Georgia Augusta.
2. Neudruck der Ausgabe von 1913 (und 1813). 1995. X, 117 Seiten mit 8 Ansichen, kartoniert
ISBN 3-525-39153-6

Silke Wagener

Pedelle, Mägde und Lakaien

Das Dienstpersonal an der Georg-August-Universität Göttingen 1737-1866.
Göttinger Universitätsschriften, Serie A, Band 17. 1996. 609 Seiten mit 10 Abbildungen, kartoniert
ISBN 3-525-35848-2

„Selige Tage im Musensitz Göttingen"

Stadt und Universität in ungarischen Berichten aus dem 18. und 19. Jahrhundert.
Herausgeben, eingeleitet und kommentiert von István Futaky.
1991. 127 Seiten mit 8 Abbildungen, kartoniert. ISBN 3-525-39160-9

Reinhold P. Kuhnert

Urbanität auf dem Lande

Badereisen nach Pyrmont im 18. Jahrhundert.
Veröffentlichungen des Max Planck-Instituts für Geschichte, Band 77.
1984. 295 Seiten mit 5 Abbildungen und 1 Faltkarte, Leinen
ISBN 3-525-35393-6

V&R
Vandenhoeck & Ruprecht